Antje Vollmer/Alexander Rahr/Daniela Dahn/Dieter Klein/
Gabi Zimmer/Hans-Eckardt Wenzel/Ingo Schulze/
Johann Vollmer/Marco Bülow/Michael Brie/Peter Brandt

Den Krieg verlernen

Zum Vermächtnis einer Pazifistin

Antje Vollmer/Alexander Rahr/Daniela Dahn/Dieter Klein/
Gabi Zimmer/Hans-Eckardt Wenzel/Ingo Schulze/
Johann Vollmer/Marco Bülow/Michael Brie/Peter Brandt

Den Krieg verlernen

Zum Vermächtnis einer Pazifistin

Eine Flugschrift

VSA: Verlag Hamburg

www.vsa-verlag.de

Umschlagfoto: Im Garten des Hauptquartiers der Vereinten Nationen in New York City aufgestellte Skulptur »Schwerter zu Pflugscharen« von Jewgeni Wutschetitsch, die die Sowjetunion der UNO 1959 schenkte (Foto: Wikipedia)
Druck und Buchbindearbeiten: CPI Books GmbH, Leck
ISBN 978-3-96488-211-0

Inhalt

Johann Vollmer

Die Anschläge meiner Mutter

Der Sound meiner Kindheit, der mich jeden Abend zum Einschlafen begleitete, war das hohe metallische Klackern und Ticken einer Torpedo. Unterbrochen nur durch das glockenartige Schellen am Ende einer jeden getippten Zeile. Dann das Ratschen, wenn der Hebel des Wagenrückzugs betätigt wurde, der Papierzylinder mechanisch weiterdrehte und der immergleiche Klangteppich erneut gewebt wurde.

Die schwarze Torpedo, eine gusseiserne Typenhebel-Schreibmaschine, die vermutlich in den 1930er-Jahren gefertigt wurde, stand in unserer Bibliothek. Von dort fiel der Lichtschein über den dunklen Flur bis in mein Kinderzimmer. Denn die Tür musste weit offen bleiben. »Du kannst mich ja noch hören«, sagte meine Mutter tröstend nach dem Gute-Nacht-Kuss, bevor sie aus dem Zimmer ging. Wenn ich sie tippen hörte, wusste ich, sie ist da.

Ich habe meine Mutter nie gefragt, woher diese Schreibmaschine stammte. Eines der ungefragten Dinge, die mir auffallen, jetzt, wo meine Mutter nicht mehr da ist. Ich vermute, sie hat sie während ihres Studiums in Paris auf einem Trödel erstanden. Sie hat mehr als ihr halbes Leben darauf geschrieben. Ihre Anschläge habe ich noch im Ohr. Man musste die Buchstabentasten hart und exakt treffen, sonst jagte die Torpedo den Nachbarbuchstaben mit aufs Papier. Ein zu leichter Anschlag dagegen erzeugte zu wenig Schwärze. Dreitausend Anschläge auf einer Seite. Jeder Satz musste klar sein. Jedes Wort das Richtige. Kein Buchstabe durfte fehlen. Das schult. Am Anfang war das Wort? Nein. Am Anfang ist der klare Gedanke. Eine fehlerfrei getippte Seite auf einer Torpedo aus diesen einzigartigen Buchstaben mit den feinen Serifen ist ein typografisches Kunstwerk. Bis heute kenne ich keine schönere Schrift. Und ich suche sie digital vergeblich.

Viel wird in diesem Buch noch gesagt werden über das, was meine Mutter geschrieben hat. Ich möchte vorweg erzählen, wie sie geschrieben hat. Bis zuletzt. Bis zu ihrem Vermächtnis einer Pazifistin: »Was ich noch zu sagen hätte«.

Mir schien es immer, dass sie mit dem, was niedergeschrieben werden musste, für eine längere Zeit schwanger ging. Sie tigerte oder vielmehr pantherte von rechts nach links durch ihre Wohnung. Erledigte die lästigen Dinge, die den Schreibtisch belegten, ehe sie mit dem Wichtigen beginnen konnte. Das leere Papier hat sie nicht geschreckt, und doch musste es erst den richtigen Moment geben, die nötige Ruhe, bis der Text nahezu druckreif, in jedem Fall aber mit einer eindeutigen Idee im Kopf, einer festen Gliederung und Struktur aufs Papier floss. Seit ihrem Ausscheiden aus dem Bundestag 2005 war sie vor allem publizistisch tätig. Und die vielen Reaktionen, die mich nach dem Tod meiner Mutter Antje Vollmer parteiübergreifend, vor allem aber von vielen Menschen außerhalb der Politik erreicht haben, zeigen mir: Diese Stimme fehlt. Ihre Stimme fehlt.

Sie war überzeugte, bekennende, trotzige Pazifistin mit einer im wahrsten Sinne entwaffnenden Argumentationsstärke. Sie hat sich dort hingewagt, wo es nichts zu gewinnen gab. In den Dialog mit der Roten Armee Fraktion, um einen Ausweg aus dem Terror zu suchen. In den Austausch mit China und dem Dalai Lama in Tibet, um einen Lösungsansatz zu finden. Sie hat das gellende Pfeifkonzert auf dem Sudetendeutschentag ertragen, bis der Weg für die deutsch-tschechische Aussöhnung geebnet war. Und als der Pazifist in den vergangenen Jahren bereits zum Schimpfwort wurde, waren ihre Texte für die, die an diese Utopie noch glauben wollten, ein Halt.

In den letzten drei Jahren ihrer Krankheit haben wir zusammen schwere und dunkle Phasen durchlebt. Wie ostwestfälisch zäh sie sich immer wieder ans Licht gekämpft hat, haben auch viele Ärztinnen und Ärzte zeitweise nicht mehr für möglich gehalten. Sie hat es vor allem für ihre beiden kleinen Enkelkinder getan. Sie sollten sich an sie erinnern können. Ich glaube aber auch, weil sie noch nicht fertig war. Am Ende war das Wort.

Leicht war es nicht. Ihre Augen waren sehr schwach, sie konnte kaum noch die Buchstaben auf der Tastatur erkennen. Das Geschriebene nicht mehr sauber gegenlesen. Wie oft hatte ich sie in diesen Jahren sagen hören, dass das aber nun ihr letzter großer Text gewesen sei. Und dann merkte ich, wie mit jeder Nachrichtensendung, mit jedem Einheitsgewäsch der politischen Talkshows ihr innerer Drang immer größer wurde, sich noch ein letztes Mal zu Wort zu melden. Es war in ihrem körperlichen Zustand, den sie zuletzt hatte, eine unglaubliche Willensleistung.

Als ich das Geschriebene las, jeden Satz mit ihr durchging, die Tippfehler korrigierte, war mir klar, dass dieser Text nicht nur Zuspruch, sondern auch Gegenwind erzeugen würde. Vor allem bei ihrer alten Partei, die den Pazifismus zu Grabe getragen hatte. Für Gegenwind braucht man Argumente. Das lautstarke Schweigen in diesen Reihen nach der Veröffentlichung war nicht zu überhören.

Als die Überlegung war, wo dieser letzte Text veröffentlicht werden sollte, kamen nicht viele Zeitungen infrage. Ernsthaftes Interesse gab es von verschiedener Seite, zumal der Titel erstmals öffentlich machte, dass meiner Mutter nicht mehr viel Zeit blieb. Sie hatte eine Bedingung: »Es wird kein Wort geändert, es wird kein Wort gekürzt.« Die Berliner Zeitung, die publizistische Heimat ihrer letzten Jahre, ist diesem Wunsch – auch wenn es für das Zeitungslayout eine Herausforderung war – nachgekommen. Ich bin der Berliner Zeitung und den Menschen, die sie machen, dafür sehr dankbar.

Jeder liest seine eigene Botschaft in diesem letzten Text. Ich lese: Bleibt mutig. Bleibt zuversichtlich. Redet, wo niemand reden will. Glaubt an den Dialog. Er ist der einzige Weg. »Frieden schließt man mit Feinden, nicht mit Freunden«, hat meine Mutter mir immer gesagt. Wer es nicht schafft, sich in das Gegenüber hineinzuversetzen, wer nicht zuhören kann, ohne sich damit gleich einer Sache gemein zu machen, wer die Tür eines Raumes nicht geschlossen halten und das Gesagte für sich behalten kann, ist in der Diplomatie falsch.

Soweit ich es überblicken kann, hat kein Artikel von ihr ein solches Echo hervorgerufen wie ihr letzter. »Was ich noch zu sagen hätte« tippte sie mit den gleichen harten Anschlägen in die

Tastatur ihres Computers, wie vor 40 Jahren auf ihrer Torpedo. Da sie ihre letzte Lebenszeit wieder bei mir verbrachte, in meinem, unserem Elternhaus, hörte ich sie wieder, ein letztes Mal tippen wie damals.

Die Torpedo steht bei mir Zuhause in dem Zimmer, in dem meine Mutter gestorben ist. Mein Sohn und meine Tochter, ihre beiden Enkel, spannen dort von Zeit zu Zeit Papier ein und tippen, auch wenn das alte Farbband nur noch schwach durchdrückt. »Was soll ich schreiben?«, fragt mich meine Tochter. »Überleg es Dir vorher«, sage ich ihr. »Die Gedanken kommen zu Dir. Man muss es nur zulassen.«

Antje Vollmer

Vermächtnis einer Pazifistin. Was ich noch zu sagen hätte

Ich stand auf dem Bahnhof meiner Heimatstadt und wartete auf den ICE. Plötzlich näherte sich auf dem Nebengleis ein riesiger Geleitzug, voll beladen mit Panzern – mit Mardern, Geparden oder Leoparden. Ich kann das nicht unterscheiden, aber ich konnte geschockt das Bild lesen. Der Transport fuhr von West nach Ost.

Es war nicht schwer, sich das Gegenbild vorzustellen. Irgendwo im Osten des Kontinents, rollten zur gleichen Zeit Militärtransporte voller russischer Kampfpanzer von Ost nach West. Sie würden sich nicht zu einer Panzerschlacht im Stile des Ersten Weltkrieges irgendwo in der Ukraine treffen. Nein, sie würden diesmal erneut den waffenstarrenden Abgrund zwischen zwei Machtblöcken markieren, an dem die Welt sich vielleicht zum letzten Mal in einer Konfrontation mit möglicherweise apokalyptischem Ausgang gegenübersteht. Wir befanden uns also wieder im Kalten Krieg und in einer Spirale der gegenseitigen existenziellen Bedrohung – ohne Ausweg, ohne Perspektive. Alles, wogegen ich mein Leben lang politisch gekämpft habe, war mir in diesem Moment präsent als eine einzige riesige Niederlage.

Es ist üblich geworden, zu Beginn jeder Erwähnung der ungeheuren Tragödie um den Ukrainekrieg wie eine Schwurformel von der »Zeitenwende«, vom völkerrechtswidrigen brutalen Angriffskrieg Putins bei feststehender Alleinschuld der russischen Seite zu reden und demütig zu bekennen, wie sehr man sich geirrt habe im Vertrauen auf eine Phase der Entspannung und der Versöhnung mit Russland nach der großen Wende 1989/90.

Diese Schwurformel wird wie ein Ritual eingefordert, wie ein Kotau, um überhaupt weiter mitreden zu dürfen. Die Feststellung ist ja auch nicht falsch, sie verdeckt aber häufig genau die zentralen Fragen, die es eigentlich zu klären gäbe. Wo genau begann die Niederlage? Wo begann der Irrtum? Wann und wie entstand aus einer der glücklichsten Phasen in der Geschichte des eurasischen Kontinents, nach dem nahezu gewaltfreien Ende des Kalten Krieges, diese erneute Eskalation von Krieg, Gewalt und Blockkonfrontation? Wer hatte Interesse daran, dass die damals mögliche friedliche Koexistenz zwischen Ost und West nicht zustande kam, sondern einem erneuten weltweiten Antagonismus anheimfiel?

Und dann die Frage aller Fragen: Warum nur fand ausgerechnet Europa, dieser Kontinent mit all seinen historischen Tragödien und machtpolitischen Irrwegen, nicht die Kraft, zum Zentrum einer friedlichen Vision für den bedrohten Planeten zu werden? Für die Deutung historischer Ereignisse ist es immer entscheidend, mit welchen Aspekten man beginnt, eine Geschichte zu erzählen.

Ich widerspreche der heute üblichen These, 1989 habe es eine etablierte europäische Friedensordnung gegeben, die dann Schritt um Schritt einseitig von Seiten Russlands unter dem Diktat des KGB-Agenten Putin zerstört worden sei, bis es schließlich zum Ausbruch des Ukrainekrieges kam.

Das ist nicht richtig. Richtig ist: 1989 ist eine Ordnung zerbrochen, die man korrekter als »Pax Atomica« bezeichnet hat, ohne dass eine neue Friedensordnung an ihre Stelle trat. Diese zu schaffen, wäre die Aufgabe der Stunde gewesen. Aber die visionäre Fantasie Europas und des Westens in der Wendezeit reichte nicht aus, um sich das haltbare Konzept einer stabilen europäischen Friedensordnung auszudenken, das allen Ländern der ehemaligen Sowjetunion einen Platz verlässlicher Sicherheit und Zukunftshoffnungen anzubieten vermocht hätte.

Zwei Gründe sind dafür entscheidend. Beide haben mit alten europäischen Irrtümern zu tun: Zum einen wurde der umfassende wirtschaftliche und politische Zusammenbruch der Sowjetunion 1989 einseitig als triumphaler Sieg des Westens im Systemkonflikt zwischen Ost und West interpretiert, der damit endgültig die historische Niederlage des Ostens besiegelte. Dieser Hang, sich zum Sieger zu erklären, ist eine alte westliche Hybris und seit jeher Grund für viele Demütigungen, die das ungleiche Verhältnis zum Osten prägen.

Die Unfähigkeit, nach so umfassenden Umbrüchen andere gleichberechtigte Lösungen zu suchen, hat in dieser fatalen Überheblichkeit ihre Hauptursache. Vor allem aber wurde so das ungeheure und einzigartige Verdienst der sowjetischen Führung unter Michail Gorbatschow mit einer verblüffenden Ignoranz als gern gesehenes Geschenk der Geschichte eingeordnet: Die große Vorleistung des Gewaltverzichts in der Reaktion auf das Freiheitsbestreben der Völker des Ostblocks galt als nahezu selbstverständlich.

Michail Gorbatschow hat viele enttäuscht

Das aber war es gerade nicht. Bis heute ist erstaunlich, ja unfassbar, wie wenig Gewicht dem beigemessen wurde, dass die Auflösung eines sowjetischen Weltimperiums nahezu gewaltfrei vonstattenging. Die naive Beschreibung dieses einmaligen Vorgangs lautete dann etwa so: Wie ein Kartenhaus, hochverdient und unvermeidlich, sei da ein ganzes System in sich zusammengesackt.

Dass gerade diese Gewaltfreiheit das größte Wunder in einer Reihe wundersamer Ereignisse war, wurde kein eigenes Thema. Sie wurde vielmehr als Schwäche gedeutet. Es gibt aber kaum Vorbilder in der Geschichte für einen solchen Vorgang. Selbst die schwächsten Gewaltregime neigen gerade im Stadium ihres Untergangs gesetzmäßig dazu, eine Orgie von Gewalt, Zerstörung und Selbstzerstörung anzurichten und alles um sie herum in ihren eigenen Untergang mitzureißen – wie exemplarisch beim Untergang des NS-Reiches zu sehen war.

Die Sowjetunion des Jahres 1989 unter Gorbatschow, wiewohl politisch und wirtschaftlich geschwächt, verfügte über das größte Atompotenzial, sie hatte eigene Truppen auf dem gesamten Gebiet ihrer Herrschaft stationiert. Es wäre ein Leichtes gewesen, das alles zu mobilisieren. Das wurde ja auch von vielen Vertretern des alten Regimes vehement gefordert.

Mit dem historischen Abstand wird noch viel deutlicher, welche staatsmännische Leistung es war, lieber »Helden des Rückzugs« (Enzensberger) zu sein, als in einem letzten Aufbäumen als blutige Rächer und Schlächter von der Geschichte abzutreten. Die Wahl, die Michail Gorbatschow fast allein getroffen hat, hat ihm nicht zuletzt die Enttäuschung vieler seiner Bürger eingebracht. Es hieß, er habe nachträglich den Großen Vaterländischen Krieg verloren.

Wie ein stummes Mahnmal gigantischer europäischer Undankbarkeit steht dafür der erschreckend private Charakter der Trauerfeier um den wohl größten Staatsmann unserer Zeit auf dem Moskauer Prominenten-Friedhof. Es wäre ein Gebot der Stunde gewesen, dass die Granden Europas Michail Gorbatschow, der längst im eigenen Land isoliert war, ihre Hochachtung und ihren Respekt erwiesen hätten, indem sie sich vor ihm verneigten.

Zumindest aus Deutschland, das fast ihm allein das Glück der Wiedervereinigung verdankt, hätte ein Bundespräsident Steinmeier an diesem Grab stehen müssen. Die Einsamkeit um diesen Toten war unerträglich. So nutzte ausgerechnet Viktor Orbán die Chance, diesen Boykott einer angemessenen Würdigung zu unterlaufen. Es bleibt ein beschämendes Zeichen, ein Menetekel historischer Ignoranz. Wenige Tage später drängelten sich die Repräsentanten des europäischen Zeitgeistes dann alle mediengerecht am Grab der englischen Queen und des deutschen Papstes Benedikt XVI.

Bis heute ist mir schwer verständlich, warum es nicht zumindest eine Demonstration der Dankbarkeit bei den eigentlichen Profiteuren dieses Gewaltverzichtes, bei den Bewegungen der friedlichen Bürgerproteste gegeben hat. Gerade sie hatten ja hautnah die Ängste erfahren, was alles hätte passieren können, wenn es 1989 in Ost-Berlin eine ähnliche Reaktion wie bei den Studentenprotesten in Peking gegeben hätte.

Und tatsächlich ist ein Teil der heutigen Zurückhaltung im Osten Deutschlands gegenüber der einseitigen Anprangerung Russlands wohl dieser anhaltenden Dankbarkeit zuzuschreiben. Mediale Wortführer und Interpreten aber wurden andere – und sie wurden immer dreister. Immer kleiner wurde in ihren Interpretationen der Anteil am Verdienst der Gewaltfreiheit auf sowjetischer Seite, immer wirkmächtiger wurde die Legende von der eigenen großartigen Widerstandsleistung.

Alle kundigen Zeitzeugen wissen genau, dass der Widerstand und der Heldenmut von Joachim Gauck, Marianne Birthler, Katrin Göring-Eckardt durchaus maßvoll war und den Grad überlebenstüchtiger Anpassung nicht wesentlich überschritt. Manche Selbstbeschreibungen lesen sich allerdings heute wie Hochstapelei. Sie verschweigen oder verkennen, was andere Kräfte zum großen Wandel beitrugen und dass mancher Reformer im System keineswegs weniger Einsatz und Mut gewagt hatte.

Das mag menschlich, allzu menschlich sein und also nicht weiter erwähnenswert. Fatal allerdings ist, dass dieser Teil der Bürgerrechtler heute zu den eifrigsten Kronzeugen eines billigen antirussischen Ressentiments zählt. Dies knüpft dabei bruchlos an jene Ideologie des Kalten Krieges an, die vom berechtigten Antistalinismus über den verständlichen Antikommunismus bis hin zur irrationalen Slawenphobie viele Varianten von westlichen Feindbildern bis heute prägt.

Die wichtigsten Fragen, die heute zwischen Ost und West verhandelt werden müssten, lauten: Was bedeutet es eigentlich, eine europäische Nation zu sein? Was unterscheidet uns von anderen? Welche Fähigkeiten muss eine Nation erwerben, um dazuzugehören? Was sind die Lehren unserer Geschichte? Welche Ideale prägen uns? Welche Irrtümer und Verbrechen? Diese Fragen werden in aller Deutlichkeit wachgerufen am Beispiel der Ukraine und ihres Abwehrkampfes gegen die russische Aggression.

In unseren Medien verkörpert die Ukraine das Ideal und Vorbild einer freiheitsliebenden westlichen Demokratie heroischen Zuschnitts. Die Ukraine, so heißt es, kämpfe nicht nur für ihre eigene Nation, sondern zugleich für die universale historische Mission des Westens. Wer sich machtpolitisch behauptet, wer seine Existenz mit blutigen Opfern und Waffen verteidigt, gilt als Bollwerk für die europäischen Ideale der Freiheit, koste es, was es wolle. Wer aber den Weg des Konsenses, der Kooperation, der Verständigung und der Versöhnung sucht, gilt als schwach und deswegen als irrelevant, ja als verachtenswert. Von daher sind Gorbatschow und Selenskyj die eigentlichen Antitypen in der Frage, was es heute heißt, Europäer zu sein und die europäischen Tugenden zu verkörpern.

Neben diesem Hang zum Heroischen und zur Selbsterhöhung liegt hier die Wurzel, die ich für den Grundirrtum einer europäischen Identität halte: das scheinbar unausrottbare Bedürfnis nach nationalem Chauvinismus. Jahrhundertelang haben nationale Exzesse die Geschichte unseres Kontinents geprägt. Keine Nation war frei davon: nicht die Franzosen, erst recht nicht die Briten, nicht die Spanier, nicht die Polen, nicht die Ukrainer, nicht die Balten, nicht die Schweden, nicht die Russen, noch nicht einmal die Tschechen – und schon gar nicht die Deutschen.

Es ist ein fataler Irrtum, zu meinen, durch den Widerstand gegen die anderen imperialen Mächte gewinne der eigene Nationalismus so etwas wie eine historische Unschuld. Das ist Selbstbetrug und einer der folgenschwersten europäischen Irrtümer. Er verführt auch heute noch viele junge Demokratien dazu, sich nur als Opfer fremder Mächte zu sehen und die eigene Gewaltgeschichte, die eigenen Gewaltfantasien für berechtigt zu halten. Was Europa immer wieder zu lernen hatte und historisch meist verfehlte, ist die Kunst der Selbstbegrenzung, der friedlichen Nachbarschaft, der Fairness, der Wahrung gegenseitiger Interessen und des Respektes voreinander. Was Europa endlich verlernen muss, ist das ständige Verteilen von Ketzerhüten, das Ausmachen von Achsen des Bösen und von immer neuen Schurkenstaaten.

Die Vision von Kohl und Genscher

Ach Europa! Jedes Mal, wenn wieder eine der großen Krisen und Kriege des Kontinents überstanden war – nach dem 30-jährigen Krieg, nach dem Feldzug Napoleons gegen Russland, nach zwei Weltkriegen, nach dem Kalten Krieg –, konnte man hoffen, der machtpolitische Irrweg sei nun durch bittere Erfahrung widerlegt und gebe einem überlebenstüchtigeren Weltverständnis endlich Raum. Und jedes Mal fielen wie durch einen Fluch die Völker Europas wieder der Versuchung anheim, den Weg der Dominanz und der Konfrontation zu gehen.

Umso wertvoller ist aber das große Gegenbeispiel: Gorbatschows Hoffnung, dass auch für alle ehemaligen Staaten der Sowjetunion eine neue Sicherheitsordnung möglich sei, die den unterschiedlichen Sicherheitsbedürfnissen gerecht werden würde, war in der Charta von Paris durchaus angedacht als Raum gemeinsamer wirtschaftlicher und politischer Kooperation zwischen dem alten Westeuropa und den neuen östlichen Staaten. Das war damals auch die Vision von Helmut Kohl und Hans-Dietrich Genscher. Aber es gab keinen Plan, kein Konzept, die Vision war einfach zu undeutlich.

Wie schnell sich wieder das Gefühl des leichten Triumphes einstellte, lässt sich an einem traurigen Beispiel gut ablesen: am Umgang mit Jugoslawien. Jugoslawien gehörte zu den blockfreien Staaten, es hatte sich rechtzeitig vom Stalinismus gelöst und die jahrhundertealten nationalen Rivalitäten aus der Zeit der Donaumonarchie einigermaßen befriedet. Es wäre nichts leichter gewesen, als diesem Jugoslawien als ganzem 1989 eine Öffnung nach Europa und zur EU anzubieten.

Es hätte Zeit gebraucht, aber es wäre möglich gewesen. Man hätte nur darauf verzichten müssen, dem nationalen Drängen der Slowenen und Kroaten zu schnell nachzugeben und das neue Feindbild der aggressiven Serben zu pflegen. Solche Weisheit allerdings fehlte völlig im Überbietungswettstreit um die Anerkennung neuer Nationalstaaten auf dem Balkan. Der bosnische Bürgerkrieg, Srebrenica, die Zerstörung Sarajevos, Hunderttausende Tote und traumatisierte Menschen, der völkerrechtswidrige Angriffskrieg der NATO gegen Belgrad, die völkerrechtswidrige Anerkennung des Kosovo als selbstständiger Staat, das vielfältige Aufbäumen von neuen nationalen Chauvinismen waren vermeidbar gewesen.

Was bedeutet das alles für die unmittelbare Gegenwart und für die deutsche Politik im Jahre 2023?

Die Koordinaten haben sich entscheidend verschoben. Bis zum Ende der Regierung Schröder konnte man davon ausgehen, dass gerade Deutschland aus der Zeit der Entspannungspolitik einen privilegierten Zugang, zumindest einen gewissen Spielraum zum

Konfliktausgleich zwischen den großen geopolitischen Spannungsherden innehatte. Diese Zeit ist endgültig vorbei.

Ungefähr im Jahre 2008 begann Putin, dem Status quo zu misstrauen und seinen Machtbereich gegen den Westen auszurichten. Deutschland begann, sich als europäischer Riegenführer im neuen Konzept der NATO zu definieren. Im Rahmen der Reaktionen auf den Ukrainekrieg rückte es endgültig ins Zentrum der antirussischen Gegenstrategien. Das begrüßenswerte, aber medial viel gescholtene Zögern des Kanzlers Olaf Scholz war zu wenig von einer haltbaren politischen Alternative unterfüttert und geriet so ins Rutschen.

Wirtschaftlich und politisch zahlen wir dafür einen hohen Preis. Der deutsche Wirtschaftsminister bemüht sich, die alten Abhängigkeiten von Russland und China durch neue Abhängigkeiten von Staaten zu ersetzen, die keineswegs als Musterdemokratien durchgehen können. Die Außenministerin ist die schrillste Trompete der neuen antagonistischen NATO-Strategie. Ihre Begründungen verblüffen durch argumentative Schlichtheit. Dabei wachsen die Rüstungskosten und der Einfluss der Rüstungs- und Energiekonzerne ins Unermessliche. Der Krieg verschlingt sinnlos die Milliarden, die für die Rettung des Planeten und gegen die Armut des globalen Südens dringend gebraucht würden. Das aufsteigende China aber wird propagandistisch als neuer geopolitischer Gegner ausgemacht und in der Taiwan-Frage ständig provoziert. Das sind alles keine guten Auspizien.

Und dennoch: Wenn mich nicht alles täuscht, steht Europa kurz vor der Phase einer großen Ernüchterung, die das eigene Selbstbild tief erschüttern wird. Für mich aber ist das ein Grund zur Hoffnung. Der so selbstgewisse Westen muss einfach lernen, dass die übrige Welt unser Selbstbild nicht teilt und uns nicht beistehen wird. Die eilig ausgesandten Sendboten einer neuen antichinesischen Allianz im anstehenden Kreuzzug gegen das Reich der Mitte scheinen nicht besonders erfolgreich zu sein.

Wie konnten wir nur annehmen, dass das große China und die Hochkulturen Asiens die Zeit der willkürlichen Freihandels- und Opiumkriege je vergessen würden? Wie sollte der leidgeprüfte afrikanische Kontinent die zwölf Millionen Sklaven und die Ausbeutung all seiner Bodenschätze je verzeihen? Warum sollten die alten Kulturen Lateinamerikas den spanischen und portugiesischen Konquistadoren ihre Willkürherrschaft vergeben? Warum sollten die indigenen Völker weltweit das Unrecht illegaler Siedlungen und Landraube einfach beiseiteschieben in ihrem historischen Gedächtnis?

Meine Hoffnung besteht darin, dass sich aus all dem eine neue blockfreie Bewegung ergeben wird, die nach der Zeit der vielen Völkerrechtsbrüche wieder am alleinigen Recht der UNO arbeiten wird, dem Frieden und dem Überleben des ganzen Planeten zu dienen.

Meine ganz persönliche Niederlage wird mich die letzten Tage begleiten. Gerade die Grünen, meine Partei, hatte einmal alle Schlüssel in der Hand zu einer wirklich neuen Ordnung einer gerechteren Welt. Sie war durch glückliche Umstände dieser Botschaft viel näher als alle anderen Parteien. Wir hatten einen echten Schatz zu hüten: Wir waren nicht eingebunden in die machtpolitische Blocklogik des Kalten Krieges.

Wir waren per se Dissidenten. Wir waren gleichermaßen gegen die Aufrüstung in Ost wie West, wir sahen die Gefährdung des Planeten durch ungebremstes Wirtschaftswachstum und Konsumismus. Wer die Welt retten wollte, musste ein festes Bündnis zwischen Friedens- und Umweltbewegung anstreben. Das war eine klare historische Notwendigkeit, die wir lebten. Wir hatten dieses Zukunftsbündnis greifbar in den Händen.

Was hat die heutigen Grünen verführt, all das aufzugeben für das bloße Ziel, mitzuspielen beim großen geopolitischen Machtpoker, und dabei ihre wertvollsten Wurzeln als lautstarke Antipazifisten verächtlich zu machen?

Gegen Hass und den Krieg

Ich erinnere mich an meine großen Vorbilder: Die härtesten Bewährungsproben hatten die großen Repräsentanten gewaltfreier Strategien immer in den eigenen Reihen zu bestehen. Gandhi hat mit zwei Hungerstreiks versucht, den Rückfall der Hindus und Moslems in die nationalen Chauvinismen zu stoppen, Nelson Mandela hatte äußerste Mühe, die Gewaltbereitschaft seiner jungen Mitstreiter zu brechen, Martin Luther King musste sich von den Black Panthers als zahnloser Onkel Tom verhöhnen lassen. Ihnen wurde nichts geschenkt. Und das gilt auch heute für uns letzte Pazifisten.

Der Hass und die Bereitschaft zum Krieg und zur Feindbildproduktion ist tief verwurzelt in der Menschheit, gerade in Zeiten großer Krisen und existenzieller Ängste. Heute aber gilt: Wer die Welt wirklich retten will, diesen kostbaren einzigartigen wunderbaren Planeten, der muss den Hass und den Krieg gründlich verlernen. Wir haben nur diese eine Zukunftsoption.

Berliner Zeitung, Nummer 48,
Sonnabend, 25. Februar/Sonntag, 26. Februar 2023, S. 24–25.

Neubeginn

Klima schaffen ohne Waffen

Eine Zivilisation verdient diesen Namen nur, wenn sie in der Lage ist, Konflikte zivil zu lösen. Frieden schaffen ohne Waffen – das Motto der Friedensbewegung ist Jahrzehnte alt. Zigtausende Demonstranten haben diese Forderung in jüngster Zeit couragiert verteidigt. Wir müssen noch mehr werden, denn es steht mehr auf dem Spiel. Die Grenzen des Wachstums – sie sind ebenfalls seit Jahrzehnten bewusst, aber bisher nicht bewusst genug, unser Leben grundlegend zu verändern.

Der Krieg in der Ukraine macht diese Fragen dringlicher denn je. Er ist der jüngste Kulminationspunkt in den Jahrzehnten währenden imperialen Machtkämpfen, die zugleich ein fortgesetzter Krieg gegen die Natur sind. Wenn die Regierungen weder in der Lage sind, Kriege zu verhindern, noch diese durch humane Erwägungen und durch größtmögliche Vermittlungsbemühungen zu einem baldigen Ende zu führen, dann müssen Bewegungen aus der Zivilgesellschaft mehr Druck machen. Lassen wir uns nicht in einen noch größeren Krieg führen!

Ein Neubeginn bei der Bündelung von Kraftanstrengungen für eine lebbare Welt wäre es unserer Ansicht nach, wenn die bisher parallel agierenden Friedens- und Umweltbewegungen in ihren Aktionen zusammenfänden. Denn beide Themen gehören existenziell zusammen. Der ökologische Umbau kann nicht ausgesetzt werden, um in einem verheerenden Abnutzungskrieg gegen Mensch und Natur auf Sieg zu hoffen. Schon in Friedenszeiten verursacht das Militär laut Sipri (Stockholm International Peace Research Institute, Anm. d. Red.) ein Viertel der weltweiten Umweltverschmutzung. Es ist damit der größte institutionelle Verbraucher fossiler Brennstoffe. Doch die Staaten, als wären sie unbelehrbar, gaben schon bisher sechs Mal weniger für Klimaschutz aus als fürs Kriegswesen.

Weltweit wurden bereits vor dem Krieg in der Ukraine jährlich mehr als 2.000.000.000.000 Dollar für Rüstung ausgegeben.

Um welche Größenordnung sich das künftig vervielfacht, kann derzeit niemand ermessen. Was nutzt erneuerbare Energie, wenn sie für die energieverschlingende und CO_2-speiende Militärmaschinerie verschwendet wird, also für den größten Klima- und Menschenkiller weltweit? Grüne Bomben? Erloschenes Leben ist nicht erneuerbar.

Die bewundernswert Kampfentschlossenen von den Ökologie-Bewegungen kämpfen zu Recht vehement für eine Verkehrswende. Dennoch stellt sich die Frage, weshalb sie es hinnehmen, dass das Militär für seinen ökologischen Fußabdruck weltweit niemandem rechenschaftspflichtig ist. Die Tatsache etwa, dass allein die jährlichen Flugstunden der Eurofighter der Bundeswehr etwa einen CO_2-Ausstoß haben, den zu kompensieren fast zehn Millionen zusätzliche Bäume nötig wären, ist nicht ihr Thema. Auch nicht die Studie der NGO Oil Change International, die ergeben hat, dass der Kerosinverbrauch von vier Jahren Irak-Krieg so hoch war wie der Jahresverbrauch von 25 Millionen Autos. Welche Verheerungen der Ukraine-Krieg und die damit einhergehende weltweite Aufrüstung für das Klima bedeuten werden, ist noch gar nicht abzusehen.

Der Kampf für westliche Werte habe eben seinen Preis, hören wir Öko-Aktivisten sagen. Vertreter der traditionellen, weitgehend pazifistischen Friedensbewegung müssen sich wiederum fragen lassen, weshalb sie nicht geduldiger mit diesen jungen Leuten das Gespräch über die Prioritäten von Werten suchen. Kriege beschleunigen die Klimakatastrophe, die wiederum zu Kriegen um lebbare Territorien führen wird. Damit die Letzte Generation nicht tatsächlich die letzte wird, scheint es uns nötig, die Kräfte dagegen zu bündeln.

Unsere kleine Gruppe hat vor drei Jahren mit einem Brief an den damaligen Jugendrat der Generationen-Stiftung eine öffentliche Dialog-Brücke geschlagen. Die sofortigen Rückmeldungen bekundeten das Interesse und den Willen, diese Brücke zu nutzen. Wir waren danach intern weiter mit Aktiven von Fridays for Future im Gespräch, gelegentlich auch mit Parents for Future, oft mit Friedensbewegten.

Vielstimmigkeit war beiden Seiten willkommen, solange sie der Toleranz und Solidarität unter den Menschen, dem Frieden und dem Erhalt der Gattung dient. Gemessen an der apokalyptischen Gefahr halten wir Differenzen im Detail in einem demokratischen Verständigungsprozess für überwindbar. Die Straße ist kein Proseminar. Von hereingetragenen Spaltungsversuchen und geschürten Berührungsängsten darf man sich nicht verunsichern lassen. Die Kräfte werden wachsen, wenn die Friedensbewegten ökologischer denken, und die Umweltbewegten ziviler. Sie würden mit mehr Gemeinsamkeiten übrigens nur nachvollziehen, was für globale Plattformen wie World Beyond War schon selbstverständlich ist.

Konflikte ohne Anwendung von Waffen zu lösen, wird mehr und mehr zu einer Überlebensfrage. Zivilcourage kann mehr Wert sein als Kampfgeist auf dem Schlachtfeld. »Why Civil Resistance Works« – diese umfangreiche Studie von US-Friedensforscherinnen analysiert 323 kriegerische Konflikte und Aufstände zwischen 1900 und 2006. Gewaltsame Überfälle seien selten durch rationale Gründe zu rechtfertigen gewesen. In der Mehrheit der Fälle habe gewaltloser Widerstand durch Proteste, Boykotte, Blockaden, Schiedssprüche, verweigerte Zusammenarbeit, zivilen Ungehorsam, bis zu politischen Streiks zu humaneren Lösungen geführt als militärische Kämpfe. Neuerdings würden Social-Media-Kampagnen, Grassroots-Lobbying, Hosting von Petitionen und Webinare zu Friedenspädagogik und Klimarettung hinzukommen. Allein durch mehr gewaltlose Mitwirkung der Zivilgesellschaft konnten Bürgerkriege vermieden und friedlichen Demokratien befördert werden. Kurzum: Gewaltfreiheit kann besser funktionieren als Krieg – für die Völker, nicht für die winzige Schicht der Kriegsgewinner. Es ist diese gewaltfreie Aktion, die auch die Friedens- und Klimabewegungen praktizieren.

Deeskalation wird nicht gelingen, wenn sie nicht von den Medien unterstützt wird. Eine vereinte Aktion für Frieden und Umwelt müsste aus unserer Sicht auch ein Ende der Feindbilder einfordern, eine allseitige Besinnung auf das Friedensgebot der UN-Charta und die 1990er-Charta von Paris. Wir vermissen Friedensinitiativen europäischer Regierungen, wie sie auf anderen Kontinenten eingefordert werden.

Stattdessen erleben wir allerorten eine latente oder offene Bereitschaft zur zerstörerischen wie selbstzerstörerischen Eskalation. Ob in der militanten Machtlogik vieler Politiker, in dem Streben von Konzernen und Banken, die auf Wachstumswirtschaft und Gewinnmaximierung nicht verzichten können, bis zum munteren Konsum-Karussell, dessen Treibstoff die erpressten Dukaten der Entwicklungsländer sind, was immer mehr Menschen zur Flucht zwingt. Auf der UN-Vollversammlung warnte António Guterres: »Die Welt schlafwandelt nicht in einen größeren Krieg hinein – ich befürchte, sie tut dies mit weit geöffneten Augen.« So viel selbstverschuldeter Unmündigkeit muss ziviler Widerstand der vereinten Friedens- und Klima-Bewegung entgegengesetzt werden. Nur vereint sind wir stark.

Für die Gruppe Neubeginn: Antje Vollmer, Daniela Dahn, Dieter Klein, Gabriele Zimmer, Michael Brie, Peter Brandt

Berliner Zeitung vom 16. März 2023

Peter Brandt

Frieden in Sicht?

Bevor Frieden geschlossen werden kann, muss es, jedenfalls in der Regel, zu einem Waffenstillstand kommen, wobei ein solcher, gerade bei länger andauernden Kriegen, oftmals eine Vorverständigung darüber verlangt, wie ein Friedensschluss in Umrissen aussehen soll. Vorgekommen sind auch Waffenstillstände, die lange Zeit andauerten, ohne dass ein Friedensvertrag zustande kam, weil beide Seiden den durch die militärische Lage gegebenen Zustand als provisorisch betrachteten, so seit 1953 auf der koreanischen Halbinsel.

Bei der öffentlichen Auseinandersetzung über den Ukraine-Krieg werden gegen die Möglichkeit bzw. Wünschbarkeit einer Waffenruhe zwei unvereinbare Thesen ins Feld geführt: Von einer Seite heißt es, eine solche könnte genutzt werden, wobei man Russland im Blick hat, um weitere militärische Aktionen vorzubereiten. Das kann in der Tat nicht ausgeschlossen werden, auf keiner Seite. Andererseits will man wissen, dass Russland überhaupt nicht gewillt sei, ernsthaft zu verhandeln: weder über einen Waffenstillstand noch gar über einen Friedensvertrag. Um dieses Urteil zu stützen, werden verschiedene, mehr oder weniger plausibel klingende Annahmen vorgetragen, als wären es auf der Hand liegende Tatsachen, so diejenige, dass Wladimir Putin aus Prestigegründen keinen Kompromiss eingehen könne, wolle er nicht gestürzt oder umgebracht werden. Begleitet werden solche »Analysen« oder Prognosen häufig von der Unterstellung, wer nach Verhandlungen rufe, empfehle der Ukraine die Kapitulation oder wünsche die sofortige und bedingungslose Einstellung aller westlichen Waffenlieferungen – Vorwürfe, die das Diskussionsklima ebenso vergiften wie die pauschale Etikettierung von Vertretern der Gegenposition als »Kriegshetzer«. Offensichtlich ist jedenfalls, dass das weltpolitische Eigengewicht und der Handlungsspielraum der Bundesrepublik Deutschland und der Europäischen Union mit der Dauer des Krieges ständig kleiner geworden sind.

Ob verhandelt werden kann, zeigt sich letztlich erst bei dem ernsthaften Versuch, Gespräche in Gang zu bringen. Es ist davon auszugehen, dass hinter den Kulissen mehr sondiert wird als die Zeitungen berichten. Doch scheint es so, als ob die Hardliner in der Führung der Ukraine wie in der der wichtigsten westlichen Länder, namentlich der USA, einschließlich einiger ost-mitteleuropäischer Regierungen, aussichtsreiche Initiativen bisher blockieren können. Das Ziel, das gesamte ukrainische Territorium in den Grenzen von 1991, also einschließlich der Krim, zurückzugewinnen und die Ukraine, wie in der Verfassung seit 2019 verankert, in die NATO zu integrieren, wäre in der Tat nur bei einem vollständigen militärischen Sieg realisierbar.

Nach der Vorstellung der Protagonisten des Siegfriedens würde ein solches Ergebnis des Krieges Russland militärisch, politisch und wirtschaftlich für längere Zeit schwächen und als Faktor der internationalen Politik marginalisieren. Es ist die radikale Variante der inzwischen weit verbreiteten Vorstellung, »der Westen« als Repräsentant von Freiheit und Demokratie stünde erneut in einem universellen Ringen mit den Mächten des Autoritarismus bzw. der »Autokratie«, jedenfalls mit denjenigen autoritär regierten Staaten, die als Kontrahenten des Westens, namentlich der USA, agieren.

Dabei tritt seitens der Vertreter einer vermeintlich wertebasierten Außenpolitik die nüchterne Analyse der Interessenlagen zurück, jedenfalls in der öffentlichen Präsentation – oder diese werden in grotesker Weise verzeichnet, so bei der Diskussion über die chinesische Minderheitsbeteiligung an einem Hamburger Hafenterminal. Wenn von Staaten allgemeine Menschenrechte, die selbstverständlich umfassend und überall thematisiert werden sollen, ins Feld geführt werden, geschieht das in aller Regel nicht unabhängig von deren ökonomischen, politischen oder geostrategischen Interessen. Interessenlagen werden allerdings nicht unbedingt auf gleiche Weise wahrgenommen, und auch objektiv lassen sie unter Umständen unterschiedliche politische Schlussfolgerungen und Optionen zu. Abgesehen davon unterscheiden sich die Länder der beiden Kategorien, also repräsentativ-demokratische kontra-autoritäre Systeme, untereinander gravierend, so etwa die USA von West- und Mitteleuropa im jeweiligen Menschenrechts- und Demokratieverständnis sowie Russland von China nicht allein, aber hauptsächlich in der Wirtschafts- und Sozialordnung. Wie will man schließlich der existenziellen globalen Umweltprobleme Herr werden ohne aktive Mitwirkung und Einbindung des bevölkerungsreichsten und des flächenmäßig größten Landes der Erde?

Im Hintergrund des Krieges im Osten Europas steht die vor allem wirtschaftliche Rivalität zwischen der mittelfristig absteigenden Weltmacht USA und dem neuen China, der zweiten Supermacht des 21. Jahrhunderts. Kaufkraftbereinigt hat die Wirtschaftsleistung der Volksrepublik China die der USA bereits überholt, und das teilweise auch in den Zukunftsindustrien. Die Rede vom angeblichen Weltherrschaftsstreben Pekings verdeckt den tatsächlichen Vorgang: China mit seinem gemischten Wirtschaftssystem ist der Hauptnutznießer der marktkapitalistischen Globalisierung der vergangenen viereinhalb Jahrzehnte und der Herausbildung einer multipolaren Weltordnung. Wie dramatisch der Gegensatz zu China im amerikanischen Establishment beider Parteirichtungen empfunden wird, zeigen Gedankenspiele von Militärs und Experten über einen in wenigen Jahren ausbrechenden Krieg der beiden Giganten im indopazifischen Raum. Die Taiwan-Frage, die dabei Anlass liefern könnte, schien seit einem halben Jahrhundert beruhigt, als der damalige US-Präsident Richard Nixon und Chinas Parteichef Mao Tse-tung beim Neuanfang ihrer zwischenstaatlichen Beziehungen 1972 übereinstimmend feststellten, dass es nur ein einziges China gäbe und Taiwan rechtlich ein Teil Chinas sei.

Chinas Interessenlage im Hinblick auf den Ukraine-Krieg ist ambivalent: Es möchte Russland als Bundesgenossen minderen Ranges an sich binden, wünscht aber aus verschiedenen Gründen ein Ende des Krieges und die Herstellung eines Kompromissfriedens. Deshalb bezog sich die chinesische Initiative von Ende

April 2023 auch auf die zwischen den Kriegsparteien in Istanbul ein gutes Jahr zuvor bereits erreichten Zwischenergebnisse.

In der Bundesrepublik Deutschland – einschließlich des friedensbewegten Milieus – ist es fast unstrittig, dass (ungeachtet der sehr viel komplizierteren inneren und äußeren Vorgeschichte des Krieges) Russland einen völkerrechtswidrigen Angriffskrieg, die Ukraine einen nach Artikel 51 der UN-Charta legitimen Verteidigungskrieg führt. Diese Feststellung wird nicht dadurch hinfällig, dass die Ukraine eine weiterhin oligarchenkapitalistische Gesellschaft, eine defizitäre Demokratie und ein defizitärer Rechtsstaat ist. Ob der alte Gegensatz zwischen dem prowestlichen, national-ukrainischen Westen mit der Landesmitte einerseits, dem russisch-sprachigen und einst prorussischen Osten und Süden (vgl. P. Brandt in NG/FH 4, 2015) durch den Konflikt, sprich durch die russische Aggression und die Erfahrung mit dem rabiaten Regime in den östlichen Oblasten, tatsächlich mental eingeebnet worden ist, wäre zumindest mit einem Fragezeichen zu versehen. Vermutlich wartet auf das Land nach Kriegsende nicht nur ein riesiger materieller Wiederaufbauplan, sondern auch ein ebenso herausforderndes gesamtnationales Versöhnungswerk.

Es gibt indessen eine zweite Dimension des Krieges neben der erwähnten: Er ist zugleich ein Stellvertreterkrieg, den die Ukraine mit massiver Unterstützung der NATO-Staaten, insbesondere der USA, ausficht, im vorherrschenden Narrativ mit der Floskel ausgedrückt, die Ukrainer würden »für unsere«, also die westliche »Freiheit« kämpfen. Diese Debatte ist in den USA viel nüchterner und offener als hierzulande. Die Realität eines Stellvertreterkriegs (»proxy war«) neben der des ukrainischen Verteidigungskriegs wird nicht tabuisiert, sondern ist Gegenstand einer intensiven öffentlichen Debatte.

Der zunehmend repressive und diktatorische Charakter des inneren russischen Regimes unter Putins Präsidentschaft und die imperiale Agenda der führenden Kreise, nicht nur Putins persönlich, sind offenkundig. Ob mit dem militärischen Angriff vom 24. Februar 2022 tatsächlich die gesamte Ukraine erobert und annektiert oder in einen Satellitenstaat verwandelt werden sollte, in der Folge gar weitere, der NATO angehörende Staaten attackiert werden sollten, erscheint angesichts der zunächst begrenzten personellen Stärke der Invasionsstreitmacht sehr zweifelhaft, selbst wenn man in Moskau die Fähigkeiten der amerikanisch aufgerüsteten ukrainischen Armee und die nationale Identifikation der Ukrainer unterschätzte.

Es bedeutete keine Aufteilung der unmittelbaren Kriegsschuld, auf den großen Anteil der NATO und insbesondere der USA am erneuten Aufkommen eines Ost-West-Konflikts zu beharren: Die historische Chance der Jahre um 1990, nämlich die Überwindung beider Paktsysteme des Kalten Krieges, eventuell durch längerfristige Verschmelzung der Strukturen von NATO und OSZE, und die Errichtung eines gesamteuropäischen Sicherheitssystems, wie es die Charta von Paris vom 21. November 1990 andeutete, wurde nicht genutzt. Vielmehr wollten die USA unbedingt die NATO (und damit die »strategische Gegenküste« in Europa) als Instrument amerikanischer Hegemonie erhalten; die Wiedervereinigung Deutschlands war für sie nur unter der Voraussetzung dessen fortdauernder (und mit gewissen Einschränkungen auf die östlichen Bundesländer ausgedehnter) NATO-Mitgliedschaft denkbar.

Dass dann auch die ostmitteleuropäischen und südosteuropäischen, von der sowjetischen Kuratel befreiten Staaten aufgrund ihrer historischen Erfahrungen zügig in die NATO strebten, ist verständlich, aber bedeutete für Russland, dass die Ostgrenze des westlichen Militärbündnisses binnen einiger Jahre von der Elbe an den Bug verschoben wurde, im Baltikum sogar frühere Sowjetrepubliken einschließend. Die einstige konventionelle militärische Überlegenheit der Sowjetunion mit ihrem Warschauer Pakt, aus östlicher Sicht die faktische globale Überlegenheit der USA ausbalancierend, ist längst nicht mehr gegeben – im Gegenteil.

Keineswegs nur bei den Gefolgsleuten Putins und anderen Nationalisten hat sich in Russland im Lauf der Jahre der Eindruck verfestigt, vom Westen betrogen worden zu sein, denn erhebliche Vorleistungen seien nicht angemessen honoriert worden. Auch der in Deutschland hochgeschätzte und verehrte Michail Gorbatschow hat sich mehrfach tief enttäuscht in diesem Sinn geäußert.

Im Frühjahr 2022 wurde schnell klar, dass die »begrenzte« Militäroperation Russlands in der Ukraine jedenfalls keine schnelle Operation sein würde: Der Vormarsch auf Kiew wurde abgebrochen, der im Süden Richtung Odessa blieb stecken. Die Ukrainer konnten sogar manche Gebiete zurückerobern, die formelle Annexion der östlichen Oblaste durch Russland am 30. September 2022 blieb faktisch auf die russisch-kontrollierten Teile beschränkt und die Teilmobilmachung Russlands laut Dekret vom 21. September 2022, wodurch in der Folge rund 300.000 Soldaten rekrutiert worden sind, trifft im eigenen Land auf sehr gemischte Reaktionen, vor allem unter den Betroffenen. Das sind weiterhin vorrangig ethnische Minderheiten und periphere Regionen.

Doch auch die Ukraine konnte dem imaginierten Sieg trotz quantitativ und qualitativ ständig ausgeweiteter westlicher Waffenlieferungen nicht näherkommen. Vielmehr entwickelte sich ein blutiger Stellungskrieg, der mit der deutschen Westfront im Ersten Weltkrieg verglichen worden ist. Die Anfang Juni 2023 gestartete, groß angekündigte Offensive der Ukraine konnte keinen Frontdurchbruch erzielen, und es ist unwahrscheinlich, dass sich daran etwas ändern wird.

Derweil bewegt sich die Zahl der gefallenen Soldaten beider Seiten, inzwischen im höheren Zehntausender-, die der Verwundeten im Hunderttausender-Bereich, die der zivilen Todesopfer nähert sich den 10.000. Neben fünf Millionen Binnenflüchtlingen sind über acht Millionen ins europäische Ausland ausgewichen. Die ukrainische Infrastruktur und beträchtliche Teile des städtischen Wohnraums sind hochgradig zerstört.

Ungeachtet gelegentlichen Theaterdonners in Moskau haben weder Russland noch die NATO ein Interesse an der Ausweitung der Kämpfe hin zu einem regelrechten Krieg zwischen Russland und der NATO, also unter Beteiligung amerikanischer und europäischer Truppen. Denn dieser könnte, was schon in der gegebenen Konstellation nicht auszuschließen ist, schnell zu einem ganz Europa erfassenden großen Atomkrieg werden, eine kaum auszumalende humanitäre und ökologische Katastrophe, selbst wenn eine Begrenzung auf diesen Kontinent gelingen würde.

Eine die Sicherheitsinteressen Russlands unter jeder Regierung engstens tangierende Mitgliedschaft der gesamten Ukraine in der NATO wäre, wie eingangs festgestellt, wohl nur realisierbar bei einem vollständigen Sieg über Russland – eine sehr unwahrscheinliche Perspektive. Denkbar ist sie im Fall einer Teilung des Landes, käme sie nun aufgrund einer Vereinbarung oder als Resultat einer »eingefrorenen« Frontlinie zustande. Dieses unerfreuliche Szenario könnte anhaltend gefährliche Wirklichkeit werden als Bestandteil eines neuen, jetzt offenen Kalten Krieges, nachdem im vergangenen Jahrzehnt das Regime der Rüstungskontrolle teils bewusst aufgelöst, teils verfallengelassen worden ist – nicht allein, aber vor allem seitens der USA unter der Präsidentschaft Donald Trumps.

Eine realistische Aussicht auf Erhaltung der territorialen Integrität der Ukraine besteht nur bei Einigung auf einen (bewaffneten) paktfreien Status des Landes, garantiert von relevanten, von Kiew benannten ausländischen Mächten. Der militärisch neutrale Status müsste eine Annäherung an die EU mit späterer Mitgliedschaft nicht ausschließen, günstigenfalls verbunden mit einer Brückenfunktion nach Osten, hin zur Eurasischen Wirtschaftsgemeinschaft.

Russland hat mit der Annexion der ostukrainischen Oblaste im September 2022 eine zusätzliche Hürde aufgebaut. Wenn Putin sich mehrfach positiv zu Verhandlungen mit der Ukraine geäußert hat, auch unter Bezugnahme auf die Annäherung der Standpunkte bei den Istanbuler Gesprächen im März/April 2022, vorausgesetzt, auch die Ukraine und der Westen wollten Verhandlungen, wird ihm klar gewesen sein, dass solche nur ohne Vorbedingungen, also auch nur ohne vorherige Anerkennung territorialer Veränderungen, stattfinden können. Zuletzt erklärte er am 17. Juni 2023 gegenüber der afrikanischen Friedensdelegation: »Wir sind offen für einen konstruktiven Dialog mit allen, die Frieden wollen, der auf den Grundsätzen der Gerechtigkeit und den legitimen Interessen der unterschiedlichen

Seiten beruht.« Dabei zeigte Putin demonstrativ ein von beiden Verhandlungsführern von Istanbul paraphiertes Exemplar des Vertragsentwurfs.

Ein für beide Kriegsparteien akzeptabler Weg und sowohl in der Ukraine als auch in Russland noch vorzeigbares, eventuell sogar als Erfolg deutbares Resultat könnte darin bestehen, die Bewohner der annektierten und teilweise besetzten Ostukraine (nach Rückkehr der Geflohenen) unter UNO-Kontrolle über ihre staatliche Zugehörigkeit und im Fall des Verbleibens bei der Ukraine über eine sprachlich-kulturell wie politisch angezeigte Autonomie abstimmen zu lassen. Der einzige Teil des ukrainischen Staatsgebiets, wo es vor 2014 verbreitet einen prorussischen Irredentismus gab, ist die Krim. Die verdeckte russische Invasion war ungeachtet dessen ein völkerrechtswidriger Akt, der aber wohl dem Wunsch der Bevölkerungsmehrheit entsprach. Sie rückgängig zu machen, wäre – wie die NATO-Mitgliedschaft der ungeteilten Ukraine – nur durch einen vollständigen Sieg über Russland möglich. Denkbar wäre hingegen die Wiederholung des Plebiszits von 2014 unter internationaler Kontrolle und zweifelsfreien Bedingungen.

Aus: Frankfurter Hefte/Neue Gesellschaft 10/2023

Gabi Zimmer

Der Traum von Frieden in Europa

Ich traf Antje Vollmer zum ersten Mal im März 2016 in Athen. Wir waren von Syriza zu einer Konferenz eingeladen worden. Syriza, die griechische Linkspartei, und Alexis Tsipras, griechischer Ministerpräsident, standen im Kreuzfeuer sämtlicher EU-Institutionen. Unter ihnen taten sich besonders die Europäische Zentralbank, die Eurogruppe, die EU-Kommission und auch eine Mehrheit des Europäischen Parlaments hervor. Die neugewählte linke Regierung stemmte sich gegen drastische Sparmaßnahmen und Privatisierungsauflagen, die dem Land aufgedrückt wurden und die die sozialen Spaltungen in einem unerträglichen Maße verschärften. Beide diskutierten wir auf unterschiedlichen Podiumsrunden, beide solidarisierten wir uns unabhängig voneinander mit den Menschen in Griechenland, die unter einer eiskalten und neoliberalen Machtpolitik der EU-Institutionen zu leiden hatten. Zur Erinnerung: Den Ton gab vor allem die deutsche Bundesregierung mit Wolfgang Schäuble als Finanzminister an.

Leider widersetzten sich linke und progressive europäische Kräfte nur halbherzig dem erpresserischen Druck, der auf Griechenland und seine Bevölkerung ausgeübt wurde. Während in Griechenland zahlreiche Solidaritätsinitiativen entstanden, um den Ärmsten der Armen das Überleben zu ermöglichen, erwies sich das solidarische Europa weitgehend als Fiktion.

Wir diskutierten noch am Abend über die Folgen, die das Scheitern einer humanitären Flüchtlings- und Migrationspolitik der EU besonders für Griechenland hatte. Alexis Tsipras kam direkt vom Treffen des Europäischen Rates zurück. Der sogenannte Flüchtlingsdeal zwischen EU und Türkei war einstimmig beschlossen worden, also auch mit seiner Stimme. Antje Vollmer und ich sahen diesen Deal generell skeptisch. Dabei schaute Antje Vollmer pragmatischer auf die entstandene Situation, monierte, dass Griechenland allein gelassen würde und unter dieser Last fast zusammenbrach. Sie kritisierte, dass in Deutschland die mit der Integration von Flüchtigen verbundenen Probleme, denen sich die gesamte Gesellschaft zu stellen habe, heruntergespielt würden. Sie bewertete Merkels Satz »Wir schaffen das« als Ausdruck von Überforderung und Hilflosigkeit. Menschen in ihrer Not sich selbst zu überlassen, hatte aus unserer Sicht nichts mit Humanität zu tun. Und wir stellten uns angesichts dieses Versagens der EU die Frage: Ist die Europäische Union, die sich so selbstgefällig für ihre europäischen Werte und die Verleihung des Friedensnobelpreises pries, tatsächlich das Europa, das Frieden, soziale Integration, Demokratie und Menschenwürde verkörpern sollte?

An unsere Diskussion fühlte ich mich erinnert, als ich Antje Vollmers Vermächtnis las, in dem sie von der Phase einer großen Ernüchterung schrieb, vor der Europa stehe und die das eigene Selbstbildnis tief erschüttern würde. Ihre letzten beiden Sätze sind mir unter die Haut gegangen: »Wer die Welt wirklich retten will, diesen kostbaren, einzigartigen wunderbaren Planeten, der muss den Hass und den Krieg gründlich verlernen. Wir haben nur diese eine Zukunftsoption.«

Wer wie ich 1990 noch an die Erzählung glaubte, dass mit der Gründung der Europäischen Union und dem Ende der Blockkonfrontation Kriege in Europa ausgeschlossen seien, wurde schon in den 90er-Jahren eines Besseren belehrt. Der NATO-Krieg gegen Serbien mit deutscher Beteiligung, der Krieg Russlands gegen die Ukraine stehen gegen die Hoffnung, Frieden und ein gemeinsames Europa bedingten sich gegenseitig, seien untrennbar miteinander verwoben. Auch die kürzlich beschlossene Gemeinsame Asylpolitik der EU ist nicht zuletzt wegen ihrer de facto Aushebelung des Grundrechts auf Asyl ganz und gar kein Vorzeigeprojekt für eine von humanitären Werten geleitete Europäische Union.

Hass und Krieg gründlich verlernen, Solidarität in Europa leben: Wie weit sind wir von den Hoffnungen und Visionen jener Menschen entfernt, die Faschismus und Krieg am eigenen Leib erlebten? Die Konzentrationslager, Gestapofolter, Ghettos oder Zwangsarbeit überlebten, manchmal auch nur durch Solidarität und Hilfe untereinander? Menschen, die darüber nachdachten, wie Europa, wie die Welt nach der Zerschlagung des Faschismus, nach Kriegsende aussehen sollte. Menschen, die dieses Nachdenken vor der Verzweiflung schützte und ihnen Hoffnung gab.

Antifaschisten wie der ehemalige Buchenwald-Häftling *Pierre Sudreau*, der von sich sagte »In Buchenwald wurde ich Europäer« oder seine Mithäftlinge *Jorge Semprún, Stéphane Hessel* und *Eugen Kogon.*[1] Trotz unterschiedlicher Akzentsetzung sahen sie in einem föderalen Europa, einer demokratischen Friedensordnung, einem Europa der Menschenwürde und der Menschenrechte, sozialer Gerechtigkeit und radikaler Demokratie die Voraussetzungen, dass sich die Verbrechen des 20. Jahrhunderts nie mehr wiederholen würden. Noch klarer formulierten es bereits 1941 die italienischen Antifaschisten *Altiero Spinelli,*

---

1 Pierre Sudreau: 1919–2012; französischer Politiker, Résistance Kämpfer (»Netzwerk Brutus«), zum Tode verurteilt, überlebte in Buchenwald dank eines Identitätstausches; danach Minister in der Regierung De Gaulle; Stéphane Hessel: 1917–2013; französischer Diplomat, Lyriker, Essayist, Résistance Kämpfer; überlebte Buchenwald dank eines Identitätstausches unter aktiver Mithilfe von Eugen Kogon; danach im diplomatischen Dienst des französischen Außenministeriums. Wirkte an der Erarbeitung der Allgemeinen Erklärung der Menschenrechte der UN mit. Verfasste 2010 Empört Euch! (Indignez-vous!); Jorge Semprun: 1923–2011; Schriftsteller, spanischer Widerstandskämpfer in der Résistance, bekennender Antifaschist, nach seiner Befreiung aus Buchenwald kämpfte er als Mitglied der illegalen KP Spanien gegen das Franco-Regime, wurde später aus der Exil-KP ausgeschlossen; Kulturminister in der González-Regierung; Die Zeit der Deportation und als Buchenwald-Häftling sind Themen der Romane Die große Reise und Was für ein schöner Sonntag!; Eugen Kogon: 1903–1987; deutscher Publizist und Soziologe. Als Gegner des Nationalsozialismus mehrfach verhaftet und bis zur Befreiung im KZ Buchenwald inhaftiert; nutzte seine Stellung als Arztschreiber, um Häftlingen das Leben zu retten, unter ihnen Stéphane Hessel; Autor des Standardwerkes Der SS-Staat: Das System der deutschen Konzentrationslager und Europäische Visionen (Band 2 der Gesammelten Schriften).

Ernesto Rossi und *Eugenio Colorni*,[2] als sie während ihrer Haft auf der italienischen Gefangeneninsel Ventotene ihren programmatischen Text »*Für ein freies und einiges Europa. Projekt eines Manifests*« entwarfen. Das auf Zigarettenpapier geschriebene »*Manifest von Ventotene*«[3] wurde von Colornis Ehefrau *Ursula Hirschmann* von der Gefangeneninsel geschmuggelt. Dieses Manifest zirkulierte innerhalb der italienischen Widerstandsbewegung und wurde später als Programm der *European Federalist Movement (MFE)* angenommen, die sich im August 1943 in Mailand gründete. Noch während des Zweiten Weltkrieges fand das Manifest Verbreitung in antifaschistischen Widerstandsgruppen anderer europäischer Länder. Möglicherweise ließen sich auch *Anneliese* und *Georg Groscurth* sowie *Robert Havemann*[4] da-

---

[2] Altiero Spinelli: 1907–1986; italienischer Kommunist und Antifaschist; nach zehn Jahren Gefängnishaft auf der Verbannungsinsel Ventotene inhaftiert; wirkte entscheidend mit an der Gründung der Union Europäischer Föderalisten (UEF); Mitglied der Europäischen Kommission von 1970 bis 1976, bis zu seinem Tod Europaabgeordneter und Mitglied der Fraktion der Kommunisten und Nahestehender (später GUE/NGL bzw. The LEFT), war Berichterstatter im Ausschuss für institutionelle Fragen für ein Verfassungsprojekt, das 1984 als »Spinelli-Entwurf« im Europäischen Parlament angenommen wurde, allerdings wurde in keinem der Mitgliedstaaten der notwendige Ratifizierungsprozess eingeleitet; Ernesto Rossi:1897–1967; italienischer Politiker, Journalist und Antifaschist; saß neun Jahre im Gefängnis in Rom und anschließend auf der Gefangeneninsel Ventotene; Eugenio Colorni: 1909–1944; italienischer Philosoph, Sozialist und Antifaschist; war bis 1941 auf Ventotene inhaftiert, floh 1943 nach Rom und wurde im Mai 1944 durch eine Patrouille angeschossen. Er verstarb wenige Tage später.

[3] Manifesto von Ventotene: 1941 von Spinelli, Rossi und Colorni fertiggestellt und 1944 mit einem Vorwort von Colorni als Gesamttext erstmals veröffentlicht.

[4] Anneliese Groscurth: 1910–1996; deutsche Widerstandskämpferin und Ärztin. Sie gehörte zu den Initiatorinnen der Widerstandsgruppe »Europäische Union«, engagierte sich nach dem Krieg gegen die Remilitarisierung Deutschlands; wurde aus diesem Grund 1951 aus dem öffentlichen Dienst Berlin Charlottenburg entlassen und arbeitete in der Poliklinik des Berliner Rundfunks in Ost-Berlin. Deshalb und wegen

von leiten, als sie die Widerstandsgruppe »*Europäische Union*« gründeten. In ihrem Aufruf, der sich vor allem an verschleppte Zwangsarbeiter richtete, heißt es »Die Zukunft von morgen wird ein geeintes Europa sein«.

Gern wird das *Manifesto von Ventotene* als eines der Gründungsdokumente der Europäischen Union dargestellt. Mit der Realität hatte dies allerdings kaum etwas zu tun. Dieser Text wurde bewusst als Teil der Gründungsmythologie der heutigen EU missbraucht. Zeitzeugen berichteten, dass die Ideen von *Spinelli, Rossi* und *Colorni* zwar die italienische Verfassung von 1948 stark beeinflussten, dagegen kaum Eingang in die Gründungsdokumente und späteren Verträge der heutigen EU fanden. Im Gegenteil. Während der offiziellen Gründungszeremonie, die am 23. März 1957 im Teatro Adriano in Rom stattfand, warfen Altiero Spinellis Föderalisten Flugblätter von der Galerie auf die Reihe der Ehrengäste mit der Botschaft, dass sie das gegründete »Monster« nicht anerkennen (Castellina 2018). Schließlich hatten sich die Verfasser des Manifesto für ein strikt reguliertes Privateigentum ausgesprochen, die wirtschaftsgeleiteten Interessen der Nationalstaaten als Ursache für Kriege in Europa gebrandmarkt, ein radikales Demokratieverständnis entwickelt und dazu noch erklärt, dass ein freies und einiges Europa nur ein sozialistisches sein könne. Es gehörte zu den beeindruckendsten politischen Erlebnissen in meiner Zeit als linke Europaabgeordnete, dass wir, Mitglieder der damaligen *GUE/NGL-Fraktion (heute The LEFT im Europäischen Parlament),* eine Debatte initiieren konnten, die eine kritische Aufarbeitung und Wiederaneignung des *Manifesto von Ventotene* begann. Wir wollten das Manifest den Mythen der Neoliberalen entreißen. Wir baten linke und progressive Intellektuelle aus verschiedensten EU-Mitgliedstaaten,

ihres Einsatzes auch für die Aufklärung des Polizeieinsatzes gegen Teilnehmer der III. Weltfestspiele der Jugend und Studenten wurde Anneliese Groscurth in den West-Berliner Medien diskreditiert und boykottiert. Sie verlor ihre Rentenansprüche, die ihr als Opfer des Faschismus und Witwe zustanden.

den Text aus ihrer Sicht, mit ihrem Blick auf das heutige Europa zu reflektieren. Wir wollten ihn als ein für die Debatten um ein anderes Europa, eine andere EU inspirierendes Dokument linken Denkens wiedergewinnen.

Noch heute freue ich mich, dass sich auch Antje Vollmer und Peter Brandt mit einem gemeinsamen Beitrag an dieser Debatte beteiligten. Der Text wurde in der von der GUE/NGL-Fraktion 2018 herausgegebenen Broschüre *Reclaim the Manifesto of VENTOTENE – What future for the EU?* veröffentlicht. Antje Vollmer und Peter Brandt würdigten den Entwurf von Spinelli und Rossi als kühne Vision, der der damaligen Zeit weit voraus war. Die Autoren hätten wie die meisten Sozialisten damals weder mit der epochalen Re-Konsolidierung des Kapitalismus in den 1950ern im Westen gerechnet noch mit der stalinistischen Vereinnahmung der sozialen Revolution im Osten Europas. So habe das europäische Projekt eine Färbung angenommen, die kaum noch Ähnlichkeit mit dem von Spinelli und Rossi angestrebten aufwies. Sie kritisierten, dass die EG bzw. EU am Ende der 1970er-Jahre die Entfesselung des Marktkapitalismus vorangetrieben habe, anstatt diesen einzudämmen und das europäische Zivilisations- und Demokratiemodell aktiv zu verteidigen. Eine stärkere europäische Integration würde ohne einen Politikwechsel scheitern. In ihrem Beitrag warben sie dafür, das Demokratiedefizit der EU zu beheben, und forderten eine transparentere und funktionalere Abgrenzung der Entscheidungsbefugnisse auf nationaler und EU-Ebene, um die Menschen wieder für die europäische Idee zu gewinnen (vgl. Brandt/Vollmer 2018).

Ist der Traum der Antifaschisten im KZ Buchenwald, auf der Häftlingsinsel Ventotene, der verschiedensten Widerstandsgruppen von einem Europa ohne Krieg, ohne Hass geplatzt? Man könnte es meinen angesichts des zunehmenden Einflusses reaktionärer Kräfte, die offen Ressentiments, Zwietracht und Hass schüren und eine weltoffene Perspektive infrage stellen. Das schmähliche Versagen der EU in der Migrations- und Flüchtlingspolitik, eine interessengeleitete Außenpolitik, die immer mehr auf Stärke, Erpressung und Sanktionen setzt, eine ermattete europäische Integration und der Wandel der EU zu einer militärischen Macht sprechen eine deutliche Sprache.

Antje Vollmer gehörte nie zu den Menschen, die scheinbar alternativlose Entwicklungen schweigend hinnahmen. Sie sah von Anfang an im Krieg Russlands gegen die Ukraine nur Verlierer, vor allem unter den Menschen. Sie wehrte sich gegen die furchtbare Vorstellung von einem »Siegfrieden« als Ziel von Waffenlieferungen an die Ukraine. Sie forderte die sofortige Einstellung der Kampfhandlungen auf beiden Seiten, die Aufnahme von Friedensverhandlungen. Sie hatte immer im Blick, dass Europa und die Welt eine neue Friedensordnung brauchen – unter Einbindung Russlands. Überhaupt war sie unter den westlichen Politikerinnen und Politikern, die ich nach der Wende kennenlernte, eine besondere Persönlichkeit, nahezu eine Ausnahmeerscheinung. Sie hatte ein tiefes Verständnis für Osteuropa entwickelt. Sie sah die Fehler und Versäumnisse, die nach dem Zusammenbruch des osteuropäischen Staatssozialismus in den Zentren der westlichen Demokratie begangen wurden. Belehrender Arroganz und Überlegenheitsgefühl des Westens setzte sie die Forderung nach Respekt im Umgang miteinander, des gegenseitigen Verstehens entgegen. Ihr war klar, ohne Osteuropa könne es keine wirkliche europäische Einigung geben. Das Gleiche gilt im Übrigen aus meiner persönlichen Sicht auch für die Linke in Europa. Ohne eine starke Linke in Osteuropa wird es nicht gelingen, ein Europa zu erkämpfen, in dem der Traum der Antifaschisten vom Frieden, einer Welt ohne Hass und Krieg verwirklicht werden kann. In all den Diskussionen unserer Gruppe »*Neubeginn*« bestand sie darauf, sich aktiv einzumischen. Nicht zuzulassen, dass pazifistische und friedensbewegte Initiativen als naive und von der heutigen Zeit überholte Haltungen diskreditiert würden. Für sie war es selbstverständlich, Aufrufe, Manifeste, Initiativen zu unterstützen, die sich gegen Krieg, Gewalt, Hass und Zerstörung richteten, selbst wenn sie vielleicht nicht jedes Wort, nicht jedes Detail für richtig hielt. Das Miteinander im Kampf um den Frieden, die Bewahrung von Natur und Umwelt, war ihr wichtiger als ideologische Selbstgerechtigkeit. Die

Gespräche mit ihr, ihre Artikel wie in der *Berliner Zeitung* vermittelten mir ein neues Verständnis von Pazifismus. Selbst als die Krankheit ihr so sehr zusetzte, dass sie kaum noch sprechen konnte, waren ihre Botschaften laut und deutlich. So wie in ihrem Vermächtnis einer Pazifistin: »Was ich noch zu sagen hätte«.

Literatur

Brandt, Peter/Vollmer, Antje (2018): Ventotene – it is time we wrote new manifesto!, in: GUE/NGL (Hrsg.), Reclaim the Manifesto of VENTOTENE. What future for the EU? Brüssel, S. 85–90.

Castellina, Luciana (2018): Take care of European society and commit to building agents of change, in: GUE/NGL (Hrsg.), Reclaim the Manifesto of VENTOTENE. What future for the EU? Brüssel, S. 17–23.

Alexander Rahr

Die Friedensstiftende

Vor einem Jahr verstarb Antje Vollmer, eine der bekanntesten Friedenspolitikerinnen im wiedervereinigten Deutschland. Sie war über die Grenzen Deutschlands bekannt als Gründungsmitglied der Partei der Grünen in den 1980er-Jahren, später als erste weibliche Vize-Präsidentin des Deutschen Bundestages. Was in der Öffentlichkeit weniger bekannt ist: Antje Vollmer war, bis zu ihrem Tod, eine aktive Außenpolitikerin, ihr Anliegen war stets die Friedenspolitik. Ihr Augenmerk galt der Auferstehung einer Friedensbewegung. Sie reiste aber auch in schwierige Länder, wie China und Russland, knüpfte dort neue Netzwerke, wurde allseits geachtet und kämpfte für Gerechtigkeit und Frieden. Sie war sehr authentisch, sprach niemals im oberlehrerhaften Ton und nicht mit dem erhobenen Zeigefinger. Sie hörte zu, stritt offen und ehrlich und es ist jammerschade, dass ihre ehemalige Heimatpartei – Bündnis 90/Die Grünen – sich am Ende von ihrer eigenen Legende distanzierte. Zur Entfremdung gehörte, dass Außenministerin Annalena Baerbock niemals Rat bei ihrer lebenserfahrenen Parteikollegin gesucht hatte, obwohl sie von Anne Will in der ARD einmal öffentlich dazu aufgefordert wurde.

Die fast 80-jährige Antje Vollmer hat in der Berliner Zeitung ihr politisches Vermächtnis veröffentlicht. Dieses Vermächtnis übermittelte sie, wenige Wochen vor ihrem Tod, mit schwacher, aber trotzdem resoluter Stimme, ihren engen Mitstreitern, die sich Ende Januar 2023 zu einem Friedensdialog mit dem Titel »Wie weiter mit Russland?« im historischen Bismarck-Schloss in Döbbelin bei Stendal versammelten. Es war ihr letzter öffentlicher Auftritt. Am gemeinsamen Abendessen beteiligte sie sich noch aktiv, dann verließ sie die denkwürdige Versammlung, stieg in den Kleinbus und verschwand in der Dunkelheit der Nacht.

***

Antje Vollmer öffnete die Tür zu ihrer Altbauwohnung in Berlin Charlottenburg. Wir traten zusammen mit Martin Hoffmann vom Deutsch Russischen Forum ein, begrüßten herzlich die Gastgeberin und gingen sofort – unseren inzwischen wohlbekannten Gang entlang – direkt in Antjes geräumige Küche. Antje Vollmer war, das merkten wir, von der schweren Krankheit gezeichnet. Aber ihr Geist war klar wie eh und je. Die monatlichen Treffen zu dritt waren zu einer festen Tradition geworden. Martin Hoffmann brachte den Kuchen, ich berichtete über Ereignisse in Russland, Antje Vollmer war für die anschließende Analyse und Strategie verantwortlich. Auch für den kleinen Schnaps, der am Ende immer getrunken wurde.

Doch an diesem 10. März 2022 lag eine spürbare Schwere auf ihrem Gemüt. Wir drei verspürten eine uns völlig unbekannte Stockstarre – der russische Angriff auf die Ukraine wenige Tage zuvor schien so unfassbar, so verrückt, dass es uns den Atem verschlug. Keiner von uns war in der Lage, einen klaren Kopf zu behalten. Wir fühlten uns um den Wert unserer langjährigen Arbeit gebracht. Die Friedens- und Entspannungspolitik, die zu unserem Lebensinhalt geworden war, lag in Scherben. Waren 30 Jahre Völkerverständigung und Aussöhnung zwischen den beiden Völkern Deutschlands und Russlands mit einem Mal hinfällig geworden? Waren die Perestroika, die Ostpolitik, die friedliche Wende alles Hirngespinste? Von überall hagelte es Schläge auf die geistigen Erben von Willy Brandt und Egon Bahr, die in Erklärungsnot gerieten, sogar des Verrates bezichtigt wurden. Eine bedeutsame Epoche der deutschen Nachkriegsgeschichte wurde notdürftig verscharrt. Ideen, deren ganze Generation nachhingen, wurden auf dem Müllhaufen der Geschichte entsorgt. Eine neue Zeitenwende war eingeläutet.

An diesem Nachmittag galten die Gedanken von Antje Vollmer den einfachen Russen. Was passierte mit der russischen Gesellschaft, die man in Deutschland nach der Wende 1990 von einer gutmütigen, friedfertigen Seite kennengelernt hatte? Kann es in Zukunft noch einen zivilgesellschaftlichen oder akademischen Austausch zwischen beiden Ländern geben? Antje Vollmer fasste Mut. Sie berichtete, wie Bundeskanzler Olaf Scholz sie auf einer SPD-Veranstaltung ansprach, sie solle den Kontakt mit Russland nicht abreißen lassen. Schließlich würde sich Russland irgendwann einmal wieder ändern.

Nie wieder Krieg – das war stets die Losung der deutschen Friedensbewegung des 20. Jahrhunderts, aber auch Leitbild der russischen Volksdiplomatie gewesen. Wladimir Putin hatte mit seiner Entscheidung, die Ukraine anzugreifen, nicht nur das Völkerrecht gebrochen. Historiker werden später vielleicht einmal behaupten, er habe am 24. Februar 2022 den größten Fehler der letzten 500 Jahre russischer Geschichte gemacht. Niemand dachte, dass das Fenster, das Peter der Große vor 300 Jahren nach Europa aufgeschlagen hatte, auf diese Weise wieder zugeschlagen werden könnte. Russland war seit Zar Peter I fester Bestandteil Europas gewesen. Russland hatte die europäische Kultur, Wissenschaft, Literatur und Kunst entscheidend mitgeprägt. Eine Scheidung war unvorstellbar.

Antje Vollmer ließ den Kopf nicht hängen. Schon beim nächstfolgenden Treffen in ihrer Wohnung am 22. März fanden wir sie in einer gänzlich anderen Stimmungslage wieder. Die Vollblutpolitikerin, die sie nun einmal war, ging professionell zur realpolitischen Tagesordnung über. Ohne die Ursprünge des lang schwelenden Konfliktes zwischen Russland und dem Westen, die sie als äußerst leidvoll empfand, könne man den schrecklichen Krieg in der Ukraine weder richtig verstehen noch einer Friedenslösung zuführen.

Die westliche Wissenschaft hatte sich in den letzten 20 Jahren ausgiebig mit dem Faktor Putin beschäftigt. Neben zahlreichen Biografien über Putin waren reihenweise Bücher u.a. mit solchen Titeln wie »Was passiert in Putins Kopf« erschienen. Teilweise von Experten, die nie in Russland waren. Antje Vollmer hatte nur die letzte Putin-Biografie aus der Feder von Thomas Fasbender gelesen, die trotz ihrer sachlichen Fülle, von den Medien totgeschwiegen wurde.

Putins Machtaufstieg zum Präsidenten geschah unerwartet und war eher eine spontane Entscheidung des altersschwachen Präsidenten Jelzin gewesen. Wenige Monate nach seiner Wahl, demonstrierte Putin, dass er von demokratischen Institutionen der 1990er-Jahre wenig hielt. Russland sollte wieder zur alten Größe aufgerichtet werden, und dies war nur über eine stärkere Machtvertikale zu schaffen. Als Ordnungspolitiker (Diktatur des Gesetzes) gewann er hohes Ansehen in der Bevölkerung, was aus Sicht des Westens aber nur seine Alleinherrschaft stärkte. Putin sanierte die Wirtschaft, errichtete ein funktionierendes Sozialsystem, was in den 1990er-Jahren nicht existiert hatte, holte ausländische Investitionen ins Land. Ihm gelang es, Russland als Energie-Supermacht global auszurichten. Gegenüber dem Westen vertrat er zunächst eine kooperative Politik. Ihm schwebte die Schaffung eines gemeinsamen Sicherheitsraumes von Lissabon bis Wladiwostok vor, jedenfalls sprach er öfter als der Westen davon. Westliche Politiker hatten sich nach der ersten NATO-Osterweiterung von solchen Vorstellungen verabschiedet.

Keine drei Tage später traf man sich wieder in Antje Vollmers Wohnung. Es herrschte größter Diskussionsbedarf. Moskau und Kiew hatten diplomatische Verhandlungen aufgenommen. Kiew wollte auf einen NATO-Beitritt verzichten, falls die russische Armee sich bis auf die Grenzen von 1991 zurückziehen würde. Konnte der Krieg beendet werden?

Antje Vollmer erinnerte daran, dass zu den Elementen der russischen Sicherheitspolitik eine Allianz im Krieg gegen den islamistischen Terrorismus, der Abzug der sowjetischen Militärbasen aus Asien und Lateinamerika und eine gemeinsam betriebene Raketenabwehr (im Kaukasus) und schließlich ein internationales Gaskonsortium EU-Russland mit Einschluss der Ukraine zählten. Der Westen hätte auf Friedensangebote Russlands stärker eingehen sollen. Ein Problem, das sie sah, war die Unverträglichkeit zwischen Russland und einigen mittelosteuropäischen Ländern. Antje Vollmer erinnerte daran, wie Deutschland sich nach dem Zweiten Weltkrieg mit seinen Nachbarn ausgesöhnt hatte und diese Aussöhnung in die Gründung der Westeuropäischen Wirtschaftsunion mündete. Warum vermochte der friedensliebende Westen nicht, nach der Wende eine ähnliche Aussöhnung zwischen den slawischen Völkern im Osten zu fördern?

Im Jahre 2012 kehrte ein völlig veränderter Putin ins Präsidentenamt zurück, verfeindet mit dem Westen. Putins Verlangen, der Westen solle die angestammte Großmachtrolle Russlands in der europäischen Sicherheitsarchitektur anerkennen, konnte der Westen nicht erfüllen. Putin beschloss, die westliche NATO-Ostausdehnung mit militärischen Mitteln zu stoppen und Russlands Einflusszone in Osteuropa wieder herzustellen. Der Westen habe Russland in den 1990er-Jahren über den Tisch gezogen, in Jugoslawien, beim Irak-Krieg, Libyen etc.

Die unverarbeitete Diktaturerfahrung der Russen, gepaart mit der Ablehnung westlicher Bevormundung war der Nährboden für das Wiederentstehen des westlichen Feindbildes in breiten russischen Gesellschaftsschichten. Als Putin im Kampf um die Ukraine 2014 den Kürzeren zog und der pro-russische Präsident Viktor Janukowitsch gestürzt wurde, reagierte er mit der Besetzung der Krim und des Donbass. Die Integration der Ukraine mit dem Westen bedeutete für Russland den Eintritt der Ukraine in eine gegnerische Militärallianz, gepaart mit der Gefahr des Verlustes der Schwarzmeerflotte, ohne die Russland keine Seemacht mehr war.

Spätestens in der Ukraine-Krise 2014 hätte, so Antje Vollmer, ein Moratorium auf eine NATO-Mitgliedschaft der Ukraine ausgesprochen werden müssen, um den Frieden in Europa zu retten. Stattdessen verirrte sich die EU in einer fatalen geopolitischen Selbstüberschätzung. Die Strategie der EU, Russland aus den westlichen und südlichen Territorien des post-sowjetischen Raumes zu vertreiben und in die asiatischen Steppen abzudrängen, konnte nicht funktionieren. Antje Vollmer zeigte sich bestürzt über das abhandengekommene realpolitische Denken westlicher Führungseliten. Putin wollte nun mit brutaler Härte beweisen, dass eine Großmacht wie Russland niemals geopolitisch gedemütigt, auch nicht zu einer Regionalmacht abgestuft und letztlich auch nicht besiegt werden könnte – trotz gegenteiliger Aussagen westlicher Experten in allen Talkshows seit Beginn des Ukraine-Krieges.

Am 20. Juni 2022 folgte das nächste Dreier-Treffen. Antje Vollmer drängte nun in der Debatte in ihrem Haus darauf, die Gesamtlage des neuen Weltenkonflikts zu begutachten, sich in der europäischen Außenpolitik keineswegs nur auf den Ukraine-Krieg zu fokussieren. Europa müsse sich in dieser schwierigen Zeit vielen Herausforderungen globaler Art stellen. Doch deutsche Politiker, regierungsnahe Denkfabriken, sogenannte Leitmedien – sie alle wirkten neuerdings erschreckend einfältig und provinziell. Vor allem die moralische Überheblichkeit, die Überbetonung der »richtigen Werte«, die deutsche Hybris bei der Konzipierung der Außen- und Sicherheitspolitik – sie alle führten, aus ihrer Sicht, zur eigenen Schwächung. Sie wusste, dass die einzige Waffe, die den westlichen Druck auf die nicht-westlichen Staaten auszuüben imstande war, in der Anwendung von Sanktionen bestand. Aber die Wirkung von Sanktionen, mögen sie noch so effektiv-schmerzvoll für den Gegner sein, trafen im Ukraine-Konflikt vermehrt die eigenen Volkswirtschaften und im Falle Chinas wären sie vollkommen selbstmörderisch. Am Ende verkomme deutsche Außenpolitik zum bloßen Erfüllungsgehilfen amerikanischer geopolitischer Interessen. Deutschland solle zur Friedenspolitik zurückkehren – die das Land nach dem Zweiten Weltkrieg so attraktiv und einflussreich in der Weltpolitik gemacht hatte.

Antje Vollmer forderte eine komplexere Bewertung des Krieges in der Ukraine. Was war das für ein Krieg? Ein imperialistischer Krieg Moskaus gegen seine frühere Provinz, um verlorene historische Ländereien zurückzuerobern? Oder führte Putin die »spezielle militärische Operation« gar nicht vornehmlich um die Ukraine, sondern als globale Auseinandersetzung mit dem Westen? War der langjährige Wertekonflikt zwischen Westen und Russland in einen offenen Krieg ausgeartet, weil Putin ein weiteres Vordringen des westlichen liberalen Modells auf postsowjetisches Territorium gewaltsam unterbinden wollte, um seine Macht nicht zu gefährden?

Antje Vollmer war höchst besorgt. Dieser Konflikt könnte noch Jahre dauern, bis eine der Seiten verlieren würde. Das massenhafte Sterben junger Soldaten auf beiden Seiten konnte Antje Vollmer nicht mehr mit ansehen.

Antje Vollmer verspürte keine Angst, sich eine Welt von morgen auszumalen, die westlichen Ansprüchen auf politische Correctness zuwiderlief. Sie warnte, dass die Welt von morgen völlig anders aussehen könnte, als Deutschland sich das in seinen Wunschvorstellungen einbilde. Wenn Europa nicht aufpasse, verkomme es – trotz derzeitig noch vorhandener wirtschaftlicher Stärke – zum Wurmfortsatz eines erstarkten Eurasiens. Die Europäische Union sehe die Ausbildung neuer globaler Allianzen und multilateraler Organisationsstrukturen noch immer mit Ignoranz und Häme, ohne auch nur in Ansätzen zu verstehen, dass die multipolare Welt langsam Realität geworden ist. Europa lief Gefahr, in dieser neuen Realität aufgrund seiner demografischen Schwäche und den Rohstoffabhängigkeiten den Kürzeren zu ziehen. Die Realität erfordere mehr Diplomatie und weniger Krieg.

Antje Vollmer musste stets viel Widerspruch ertragen. Doch sie änderte ihre Meinung nicht. Es gab für sie nichts Heiligeres, als Frieden zu stiften. Nur musste dies ehrlich und transparent ablaufen. Man müsse sich als Friedensmakler von aller finanzieller Unterstützung seitens Russlands, Chinas oder den USA distanzieren.

Antje Vollmer war sich sicher: die 2020er-Jahre werden noch höchst turbulent werden, am Ende wird ein geschwächtes Europa in einer feindlichen geopolitischen Umgebung erwachen. Spät, aber nicht zu spät, wird die nächste Politikergeneration Europas wieder zu Instrumenten der friedlichen Koexistenz greifen. Man wird nicht mehr sagen können, die Welt könne ein dominantes China und Russland nicht akzeptieren. Nein, solche Sprüche wie »Krieg ist Frieden« oder »Diplomatie ist Kapitulation« werden aus dem Wortschatz westlicher Politiker und Journalisten gestrichen.

Das nächste Treffen fand am 30. August 2022 statt. Dabei ging es um die Frage, die Antje Vollmer am meisten schmerzte. Warum hatte es der Westen sträflich versäumt, nach dem Ende des Ost-West-Konflikts, eine verlässliche Friedensordnung, wie sie in der Pariser Charta von 1990 festgeschrieben wurde, zu errichten? Russland war dazu mehr bereit gewesen als der Westen. Deshalb seien die nun im Westen geäußerten Vorwürfe, Russland sei an allem schuld, weil es dem Westen seine Friedensabsichten nur »vorspielte«, tatsächlich aber niemals aufhörte, imperialistisch zu denken, historisch falsch.

Antje Vollmer war in ihrer Argumentation unschlagbar. Auch sie sah die NATO-Osterweiterung als Mutter aller Probleme an. Ja, auch kleinere Länder in Osteuropa besaßen das Recht der Bündniswahl. Die NATO konnte ihnen einen NATO- und EU-Beitritt nicht abschlagen. Aber die NATO-Osterweiterung verletzte die Prinzipien der Pariser Charta. Dort wurde gleiche Sicherheit für alle europäischen Staaten festgeschrieben. Da Russland die NATO-Osterweiterung als gegen seine nationalen Sicherheitsinteressen empfand, hätte man in der Tat ein Moratorium für den Beitritt der Ukraine erklären müssen, bis eine einvernehmliche Sicherheitsarchitektur zusammen mit Russland aufgebaut worden wäre. Westliche Gegenargumente, Russland sei keine Großmacht mehr und habe nicht dieselben Ansprüche wie die Sowjetunion, fanden bei Antje Vollmer keinen Widerhall.

Antje Vollmer meinte, man müsse der gesellschaftlichen Entwicklung in Russland viel größere Aufmerksamkeit schenken, als dies in den westlichen Medien geschehe. Falls Putin sich einen Personenkult zugelegt hat und sich in der historischen Mission sieht, Russland wieder zur Großmacht zu führen, um die erlittene historische Niederlage des Zerfalls der Sowjetunion zu überwinden, stellten sich etliche Fragen. Was verbirgt sich hinter dem Begriff einer »russischen Welt« und einer »gerechteren multipolaren Weltordnung«? Purer Chauvinismus, Revanchismus und Neoimperialismus, oder der Versuch einer Neuordnung der Weltpolitik. Warum können diese Fragen nicht sachlich, abseits der verordneten Empörung, grässlichen Meinungskorridoren, ungerechtfertigten Denkverboten und einer Hypermoral unter den Völkern diskutiert werden?

Am 1. August traf sich Antje Vollmer mit dem russischen Botschafter. Sie wollte auch seine Argumente und Einschätzung zum

Ukraine-Krieg und der Weltlage hören, um von der Gegenseite Ideen für ihre Friedensbemühungen zu sammeln.

Am 15.–16. August lud sie auf ihre Datscha in der Uckermark ein. Während Martin Hoffmann den Wagen lenkte, diskutierte Antje Vollmer vom Beifahrersitz aus. Das Deutsch-Russische Forum und die Eurasien Gesellschaft – die beiden letzten verbliebenen Organisationen, deren Veranstaltungen sie noch gerne besuchte, sollten unermüdlich den gesellschaftlichen Austausch mit dem russischen Volk suchen.

Sie dirigierte den Fahrer zu einer ihrer Lieblingsidyllen am See, wo sie ihre Gäste zum Fischessen einlud. Beim anschließenden Glas Wein in ihrem uralten Bauernhaus, in deren Mitte ein riesiger Ofen stand, wurde bis spät in die Nacht geredet. Grundsätzlich sei eine Erweiterung der EU zu begrüßen, doch die Werte-Politik der EU könne auch an ihre geopolitischen Grenzen stoßen. In der arabischen Welt seien Demokratisierungsversuche von außen gescheitert. Bei aller Freude und Stolz über die Errungenschaften der Aufklärung und der Freiheitsidee der Europäischen Union, müsse der Westen lernen, in guter Nachbarschaft auch vermehrt mit schwierigen, fremden Kulturräumen zu leben – stets des Weltfriedens wegen. Ein Weltkrieg der »Demokraten gegen Autokraten« würde eine kaputte Welt hinterlassen.

Interessant war Antjes Vollmer Idee von einer Wiederbelebung der Idee der Bewegung der Blockfreien. Um eine Bipolarität in der Weltpolitik zwischen Westen bzw. China/Russland zu verhindern, müssten Länder des Globalen Südens, vielleicht sogar die Ukraine, zu Initiatoren der Formierung dieses wichtigen Kraftzentrums der Weltpolitik werden. Die blockfreie Bewegung würde zur Minderung des globalen Einflusses des Westens führen – aber auch eine gefährliche Achse Peking-Moskau zu verhindern helfen. Als Erstes müsse der UN-Sicherheitsrat um einige Länder des Nichtwestens erweitert werden.

Nach ausgiebigem Frühstück in einer abgelegenen Pension bat Antje Vollmer sie in das nahe gelegene russisch-orthodoxe Kloster in Götschendorf zu fahren. Den Aufbau der Mönchsgemeinschaft hatte einst der Vater von Angela Merkel unterstützt.

Dort unterhielt sie sich längere Zeit mit dem Abt, ließ sich von ihm die neuerbaute Kirche zeigen und versprach bald wiederzukommen, was sie auch tat.

Am 19. Oktober lud Antje Vollmer erneut in ihre Küche ein. Die Politikerin arbeitete an ihrem Vermächtnis, telefonierte mit Gesinnungsgenossen und bat, über den Ukraine-Konflikt ständig informiert zu werden. Sie stellte drei Prinzipien für die deutsche Politik auf. Sie hielt die Umorientierung der deutschen Diplomatie auf Themen des Feminismus für nicht zeitgemäß. Sie sah keine echte Alternative zur klassischen Friedenspolitik, keine Alternative zur Fortsetzung der Verständigung und Aussöhnung mit dem russischen Volk, und keine Alternative zum Aufbau einer gemeinsamen Koexistenz Westen-Russland in Europa.

Die Ex-Grüne übernahm keineswegs pro-russische oder anti-amerikanische Positionen. Deutsche Waffenlieferungen an die Ukraine kritisierte sie als unnötigen Anstoß zu einem möglichen Weltkrieg, der das Haus Europa zerstören könne. Europa könne keinen Krieg gegen eine Atommacht Russland führen und dürfe sich auch niemals in einen solchen Krieg hineinziehen lassen – weder von der Ukraine noch von den Amerikanern. Sie kritisierte den ausufernden Bellizismus in Deutschland, vor allem in ihrer Partei der Grünen, der ausschließlich auf eine Niederlage Russlands und einen militärischen Sieg der Ukraine setzte, ohne dass ernsthaft über eine Friedensdiplomatie nachgedacht wurde. Irgendwann sei der Konflikt in der Ukraine zu Ende und die Konfliktseiten bräuchten danach schnell eine einvernehmliche Lösung, wie man die neuerliche Teilung Europas aufhielte und eine funktionierende Sicherheitsarchitektur schaffte, die erneute Kriege verhindern würde.

Beim nächsten traditionellen Treffen am 15. November 2022 besprach sie das Ende des Petersburger Dialogs. Dieser wurde 2023 endgültig begraben. 35 Mitglieder stimmten für die sofortige Auflösung, nur fünf Mitglieder stimmten dagegen. Antje Vollmer sprach sich stets für die Beibehaltung des Petersburger Dialogs aus. Ein solch wichtiges strategisches und diplomatisches Instrument dürfe Deutschland nicht planlos aus der Hand geben. Für die Zukunft würden solche Plattformen verstärkt für das Friedensstiften benötigt werden.

***

Am 13. Dezember 2022 saßen wir beim Weihnachtsstollen eng zusammen. Dies war unser letztes Treffen. Antje Vollmer erinnerte an das übernächste Jahr, an dem der 300. Geburtstag des Philosophen Immanuel Kant gefeiert werden würde. Kant war zweifellos eine große historische Gestalt, die wie keine andere das Denken in Deutschland und Russland in seiner Person und seiner Biografie vereinte. Seine Einsichten unterschieden sich radikal von denen seiner Zeitgenossen und waren von bis dahin unerreichter Komplexität. Während seine Zeitgenossen einen dauerhaften Frieden für grundsätzlich unmöglich (und gar nicht wünschenswert) hielten, entwickelte Kant ein Konzept für eine globale Friedensordnung. Sie sollte auf rechtlichen Grundsätzen basieren, vom humanistischen Geist beseelt sein, und zudem ewigen Bestand haben. Kant konzipierte die Idee eines föderalen Staatenbundes aus Republiken, die sich auf Verträge stützte und alle Menschen als Weltbürger behandelte. In der Europäischen Union wurden Kants Ideen 200 Jahre später realisiert.

Nach dem Ende des Kalten Krieges dachten die Europäer, dass sie die Voraussetzungen zum »ewigen Frieden« alle erfüllt hätten, erzählte Antje Vollmer. Das stimmte, solange die Welt um die Jahrtausendwende eindimensional und unipolar schien, errichtet auf einer »regelbasierten Ordnung« des Westens. Doch nun entstünden alternative globale Ordnungsmodelle, denen sich der Westen nicht widersetzen kann. Kants »ewiger Frieden« – falsch war er nicht, er wurde nur einseitig ausgelegt. Deshalb war der »ewige Frieden« auf Sand gebaut.

Dass das Streben nach dem kantschen Imperativ folgerichtig war, bewies Antje Vollmer. Ihr Kampf gegen die Abschaffung des »ewigen Friedens« wird fortgesetzt.

Marco Bülow

Lobby und Moral im »kriegstüchtigen« Deutschland

Ich habe Antje Vollmer zunächst von der Parlamentsbank als Bundestagsvizepräsidentin und Vordenkerin erlebt. Später habe ich dann direkte Gespräche mit ihr geführt und mit ihr zusammen in einer Gruppe gearbeitet. Dafür bin ich sehr dankbar. Sie war immer analytisch, tiefgründig, manchmal hart in der Sache, aber nie abweisend und schon gar nicht dogmatisch. Sie hörte zu, aber blieb im besten Sinne des Wortes streitbar. Antje Vollmer hatte viele dezidierte Positionen, die gewachsen waren, die sie nicht nach Stimmungen und der Windrichtung änderte. Besonders ausgeprägt waren diese in der Friedens- und Sicherheitspolitik. In ihrem letzten großen Artikel: »Vermächtnis einer Pazifistin« wird diese Verknüpfung nochmal sehr deutlich.

In dem Artikel schrieb sie gegen Ende: »Der deutsche Wirtschaftsminister bemüht sich, die alten Abhängigkeiten von Russland und China durch neue Abhängigkeiten zu Staaten zu ersetzen, die keineswegs als Musterdemokratien durchgehen können. [...] Dabei wachsen die Rüstungskosten und der Einfluss der Rüstungs- und Energiekonzerne ins Unermessliche. Der Krieg verschlingt sinnlos die Milliarden, die für die Rettung des Planeten und gegen die Armut des globalen Südens dringend gebraucht würden.«

Ein Vermächtnis aus einer fundierten Position heraus, die konstruktive Richtungsweisungen gibt und hart mit denen ins Gericht geht, die sich ohne Differenzierung, ohne Abwägung blindlings militarisieren und das Losziehen der Panzer mit »Free Leopards« als Ereignis zelebrieren. Selbst wenn man zu solch einer Entscheidung kommt, gibt es da nichts zu feiern, diese Waffen bleiben Tötungsmaschinen. Doch jeder könnte – und als Pazifist müsste jeder – Putin und den Angriffskrieg Russlands hart verurteilen und gleichzeitig aber eine andere Außen- und Sicherheitspolitik betreiben, als wir dies tun. Ich war einer der wenigen, der vehement gegen Nord Stream 2 war, weil ich unsere Energieabhängigkeit nicht noch weiter vergrößern, sondern schon immer vermindern wollte. Von Frau Strack-Zimmermann und anderen lauten Politikern in der Frage, gab es da nichts zu hören. Sie waren meist Befürworter von allen Deals, die man gern mit Russland abschloss.

Schwierig ist es in Deutschland, eine differenzierte Debatte zu führen. Wer sich nicht sofort ohne Wenn und Aber auf die »weiße« Seite schlägt, der wird geächtet und hat keine Chance überhaupt noch Argumente, nicht mal Fragen zu platzieren. In den meisten anderen Ländern in Europa ist das möglich. Deutschland isolierte sich gerade nicht, weil es anfangs etwas zögerlich auf die Waffenlieferungen reagierte. Es isoliert sich, weil es nach den USA (wo immer heftiger über die weitere Hilfe gestritten wird) den größten Beitrag finanziell, militärisch und bei der Aufnahme der Flüchtlinge schultert. Vor allem aber, weil in Deutschland eine wirkliche Debatte über das weitere Vorgehen keinen Resonanzraum erhält. Stigmatisierung ist der Normalfall. Einen demokratischen Diskurs kann ich nicht mehr erkennen, dabei wäre er gerade bei dieser Frage so wichtig. Und genau darum hat sich Antje Vollmer so bemüht.

Warum kann die Frage, ob das gewählte Vorgehen nun wirklich mehr Menschenleben und die Freiheit rettet, oder nicht eher das Gegenteil bewirkt, nicht konkret durchleuchtet und beantwortet werden? Warum werden andere Möglichkeiten per se ausgeschlossen? Ich maße mir nicht an, diese Fragen beantworten zu können. Es ist kein leichtes Terrain, es ist eines, auf dem sich Antje Vollmer viel besser auskannte als ich und die absolute Mehrheit der Regierung und aller neuerdings selbsterkorenen Sicherheitsexperten. Die Antworten und Erklärungen der Regierung, aber auch weiter Teile der Opposition, sind moralisierend und oberflächlich. Man spürt, wie sehr die Politik durch eine einseitige Berichterstattung getrieben wird.

Die gedoppelte Moral

Einiges hat uns die ehemalige Bundestagsvizepräsidentin noch mitgegeben. Ich hätte dennoch weitere kritische Fragen, auch an Antje Vollmer. Es gibt vor allem zwei Positionen, die auch für mich glasklar sind und wo ich mich gerade auf Antje Vollmer berufen kann. Das ist zum einen die absolute Doppelmoral, von der unsere Außen- und Sicherheitspolitik immer mehr geprägt ist. Sie deutet die Doppelmoral mehrfach an und auch im bereits zitierten Satz »alte durch neue Abhängigkeiten zu ersetzen« kommt dies zum Ausdruck. Wer eine moralische Außenpolitik fordert, sie meint zu praktizieren und Waffenlieferungen, Kriegshilfe oder gar Einsätze an Moral koppelt, der muss erstens einen genauen moralischen Kompass definieren und zweitens die gesamte Außenpolitik daran messen.

In der Konsequenz darf nicht hingenommen werden, dass das autokratische Aserbaidschan Armenien stetig attackiert und sein demokratisches Nachbarland Bergkarabach überfällt und auslöscht. Es gab keine Hilfe, keine Unterstützung, keine Panzer, keine Sanktionen. Es entlockte unserer Regierung nicht einmal eine klare Stellungnahme. Im Gegenteil: Deutschland weitet die Geschäfte mit Aserbaidschan aus. Sie sollen uns jetzt einen Teil des fehlenden Gases liefern. Menschenrechtsverletzungen, Angriffe, Tötungen – alles egal, der autokratische Präsident Alijew wurde Ende 2023 sogar mit allen militärischen Ehren in Berlin empfangen. Nicht mal ein Nachhaken der Hauptstadtpresse bezüglich der Menschenrechtssituation – welches sonst gern bei Staatsbesuchen eingefordert wird. Aserbaidschan scheint gute Lobbyarbeit zu leisten. Profit geht dort vor Moral. Denken wir an die Aserbaidschan-Affäre, bei der auch deutsche Politiker, wie Karin Strenz von der Union, von Aserbaidschan gekauft worden sind. Bedauerlich, dass es da keinen großen Aufschrei gab, keine Aufarbeitung.

Sind nach den moralischen Maßstäben, die so hochgehalten werden, Scholz, Habeck, Lindner, Baerbock dann nicht Alijews Knechte? Büttel von Saudi-Arabien, von Autokraten, Kriegstreibern und Diktatoren? Zu den Geschäften mit Aserbaidschan und anderen zweifelhaften Machthabern müssen Waffenlieferungen an Diktaturen und Unrechtsregime angeführt werden, die diese auch bei Angriffskriegen einsetzen. Sollten nicht alle Waffenlieferungen an Saudi-Arabien längst eingestellt werden? Gerade die »Zukunftskoalition« lässt sie aber wieder zu und daran hat Oppositionsführer Merz gar nichts auszusetzen. Wenn dies also unsere Moral ist, dann ist sie einseitig, schäbig und wird damit insgesamt unglaubwürdig.

Sehnend kriegstüchtig

Im zweiten Teil meines ausgewählten Zitats weist Antje Vollmer darauf hin, dass nicht nur die Rüstungskosten wachsen, sondern auch der Einfluss der Energie- und Rüstungslobbys. Dieses Thema treibt mich schon lange Zeit um. Es spielt in diesem Krieg, den Reaktionen und der gesamten Politik eine wichtige Rolle, die sich der Allgemeinheit jedoch immer mehr entzieht. Endlich kann wieder gnadenlos aufgerüstet werden, die einflussreiche Rüstungslobby kann noch mehr bedient werden und dies wird alles noch moralisch von einer »Fortschritts«-Koalition gerechtfertigt. Es entsteht ein internes Wettrüsten ohne Maß und Mitte und ohne Verstand. Um eine wirkliche Verteidigung geht es nicht. Niemand mit politischem Sachverstand kann daran glauben, dass Deutschland oder ein anderes Land der NATO überfallen wird. Selbst wenn Putins Russland dies gerne würde, kommt es doch schon mit der Ukraine kaum klar. Auch mit der gesteigerten russischen Aufrüstung auf nun vermutlich gut 100 Milliarden Dollar ist dies nicht einmal $\frac{1}{12}$ von dem, was die NATO-Länder jährlich einsetzen. Lange hatte Russland deutlich weniger ausgegeben und allein Deutschland rückte mit seinen Ausgaben immer näher heran. Auch heute geben wir allein mit Frankreich mehr Geld aus, ohne uns unmittelbar im Kriegszustand zu befinden.

Aber diese Falschinformationen werden bewusst in die Welt gesetzt, um Panik und Angst zu verbreiten, um planlos aufzurüsten und immer mehr Gelder für die Lobbys bereitzustellen. Passend dazu der Sprachgebrauch des Verteidigungsministers, der von »kriegstüchtig« spricht. Wir reden also nicht mehr von Verteidigung, sondern von Krieg und Angriff. Wenn es eine unmittelbare Bedrohung gibt, dann durch einen atomaren Schlag und dagegen nützt die meiste Rüstung gar nichts. Wenn überhaupt, dann erhöhen wir gerade die wirkliche Bedrohung, auch durch eine weitere Aufrüstungsspirale. Legt man es darauf an, dass der Krieg möglichst lange anhält?

Es geht hier wohl um etwas ganz anderes. Um eine willkommene Ablenkung von den ganzen anderen Krisen, welche eher halbherzig oder gar nicht bekämpft werden. Aber jetzt hat man eine schöne Ausrede. Ein Klassiker, den vor allem die US-Regierungen immer wieder gern genutzt haben. Interne und innenpolitische Probleme löst man mit Kriegen und den Verweis auf außenpolitische Bedrohungen. Diesen miesen Job hat jetzt Putin erledigt. Aber noch mehr geht es ums Geld, um Profit und die weitere Lobbyisierung der Politik. Dafür sind gerade das Militär und die Rüstung wunderbar geeignet. Hier wird besonders viel getrickst und getäuscht, nirgends sonst gibt es eine so hohe Intransparenz. Und jetzt wird sogar jeder gepriesen, der noch mehr Geld für diese Lobbys fordert. Nebenwirkung: Es gibt keinen Wirtschaftsbereich, der Investitionen mehr verbrennt und dennoch so wenig Wohlstand erzeugt. Im Gegenteil – Wohlstand, Leben und Klima werden zerstört.

Profit und Politik

Fast alle reden und schreiben davon, dass wir unsere Verteidigung kaputtgespart hätten, dass sie völlig marode sei. Es wird auch in seriösen Medien so kolportiert und als Fakt dargestellt, dabei ist es eine der größten politischen Lügen der letzten Jahre. Der Verteidigungshaushalt ist im Gegenteil der Bereich, der in den letzten Jahren am stärksten gewachsen ist, von 38,5 auf jetzt 51,8 Milliarden Euro. (de.statista.com/Bundeshaushalt.de) Mit gut 13 Milliarden Euro ist das ein Plus von über 33% in nur fünf Jahren. Nur um das in Relation zu setzen: Mit umgerechnet rund 56 Milliarden US-Dollar liegt das angeblich so wehrlose Deutschland bei den Verteidigungsausgaben weltweit 2023 auf dem siebten Platz – noch vor der Atommacht Frankreich, deutlich vor Ländern wie Australien (32 Milliarden US-Dollar) oder gar Spanien (20 Milliarden US-Dollar). Israel, ganz anders aufgestellt und mit völlig anderen Gefahren und Nachbarn konfrontiert, gibt mit gut 23 Milliarden US-Dollar nicht mal die Hälfte von Deutschland aus. Egal, wie man die Situation dort beurteilt: Niemand würde sagen, dass Israel wehrlos ist (vgl. Statista 2024). Eine Analyse des Bonn International Centre for Conflict Studies (BICC) kommt 2023 auch zum Ergebnis, dass die deutsche Verteidigung keinesfalls marode ist, den Vergleich zu Frankreich oder Großbritannien sogar mehr als standhalten kann. Große Mängel zeigen sich dagegen im Beschaffungswesen. (Boemcken/Rohleder/Bayer/Hauk 2023)

Fast alle anderen Ressorts müssen dagegen 2024 teilweise sogar massive Kürzungen hinnehmen. Dazu kommt ein Sondervermögen von 100 Milliarden Euro, welches mit Standing Ovation im Bundestag von fast allen Parteien verabschiedet wurde. Für Klimaschutz, Kinderarmut und Bildung war und ist so etwas nicht möglich. Sogar bei einem selbstauferlegten Spardiktat, bei dem die Schuldenbremse nicht angetastet wird und viele stark belastete Privathaushalte nicht entlastet werden, gibt es immer mehr Geld für die Rüstung.

Entweder ist die Verteidigung also nicht marode, sondern eher überfinanziert. Dann ist es eine große Täuschung, um noch mehr Gelder und Profite für die Rüstungslobby einzutreiben. Oder es liegt ein massives Versagen bei der Ausgabe der immensen Gelder vor. Dann gab es Lobbygeschäfte und Fehlausgaben, ohne darauf zu achten, ob die Waffensysteme und Rüstungsgüter überhaupt sinnvoll sind. Das, was der Öffentlichkeit verkauft wird, kann jedenfalls nicht stimmen. Ich denke, es ist eine Mischung, und sie ist geprägt von Lobbymacht und Verbandelungen von zuständigen Politikern und Profitinteressen – mit der freundlichen Unterstützung der Mehrheit des Bundestags und den meisten Medien. Kontrolle, Überprüfung, Rechenschaft – völlige Fehlanzeige.

Von den 446 Milliarden Gesamtausgaben des Bundes 2024 fallen mit 51,8 Milliarden (ohne Sondervermögen) allein 11,62% der Ausgaben auf den Verteidigungsbereich. Also fast jeder achte Euro von unseren Steuern, wandert in die Rüstung und Verteidigung (vgl. Bocksch 2023).

Gleichzeitig müssen das Außenministerium und das Bundesministerium für Wirtschaftliche Zusammenarbeit ihre Budgets immer weiter kürzen und somit gehen auch wichtige Projekte verloren, die die Sicherheit und Zusammenarbeit stärken würden. Im Bereich von humanitärer Hilfe und Krisenprävention wird der Haushalt 2024 um 34% und im Bereich der Sicherung von Frieden und Stabilität um 32% gekürzt (vgl. Brandt 2023). Mit welcher Moral lässt sich dies nun rechtfertigen?

Revolving Door

Statt mal genau hinzuschauen, wie sehr die Haushälter und Verteidigungspolitiker im Bundestag selbst zu Lobbyisten werden und nicht mehr der Bevölkerung dienen, werden gerade die lautesten von ihnen in der Öffentlichkeit gefeiert. Ich war im Bundestag, als hinter den Kulissen im Verborgenen Rüstungsdeals gemacht wurden. Ganz weit vorne bei den Geschäften war beispielsweise der SPD-Haushaltspolitiker Johannes Kahrs. Er besorgte der Lobby im Jahr 2020 1,5 Milliarden Euro für fünf Korvetten des Typs K 130, die dann eigentlich nur »bedingt zu gebrauchen« waren. Ursula von der Leyen war daran beteiligt (vgl. Becker/Knaup/Traufetter 2016). Der brisante aber wenig beachteter Bericht »Revolving Door« ist voll von diesen Beispielen, deshalb findet er wohl auch so wenig Anklang in der Öffentlichkeit. Dabei müssen gerade dort alle aufgeführten Punkte belegt sein (vgl. Knorr/Zetsche 2023).

Die Verquickungen von Abgeordneten, Ministern mit Lobbyeinrichtungen und der Drehtüreffekt zwischen Rüstungslobby und Politik, der rege genutzt wird, nehmen zu. Natürlich beeinflusst dies die Abgeordneten schon während ihrer Amtszeit. Besonders schamlos dabei sind Einrichtungen, die nach außen Sachlichkeit und Unabhängigkeit suggerieren, aber dann doch von der Rüstungslobby finanziert oder mitfinanziert werden. So die Deutsche Gesellschaft für Auswärtige Politik (DGAP). Hier kommen Rüstungsindustrie und Politiker zusammen. Obwohl gesponsert von der Lobby und tätig als Lobbyist (eingetragen im Lobbyregister), werden sie in der Öffentlichkeit gern als Sachverständige präsentiert. Besonders perfide ist, dass das DPAG 2022 auch drei Millionen als Fördergelder der öffentlichen Hand erhalten hat. Also finanziert jeder Steuerzahler den Lobbyismus der Rüstungsindustrie. Eindrucksvollstes Beispiel als »Drehtürgänger« ist sicher Dirk Niebel. Er avancierte direkt vom Bundesminister für Wirtschaftliche Zusammenarbeit – also als oberster Friedens- und Entwicklungsstifter – zum Cheflobbyist des Rüstungsgiganten Rheinmetall. Aber die Liste ist lang und voller Namen, die nicht so prominent sind und fast nirgends auftauchen – die nun aber mit ihren Beziehungen die Deals mit ihren Ex-Kollegen einfädeln.

Unkorrumpierte Sicherheit

Man muss kein Experte sein, um festzustellen, wie stark der Profitlobbyismus die Politik und die Öffentlichkeit in der Sicherheitspolitik einseitig beeinflusst. Man muss es aber, egal welche Position man einnimmt, zur Kenntnis nehmen. Es geht um kurzfristigen und langfristig gesicherten Profit, während die »Moral« in der gegenwärtigen außenpolitischen Situation nach vorne gestellt und genutzt wird. So wie es auch nie um unsere Freiheit ging, die am Hindukusch angeblich verteidigt wurde. Es gibt klare Kriegs- und Aufrüstungsgewinner, die absolut nicht mitbestimmen dürften. Ich befürchte, dass Verteidigung ein Bestandteil der Sicherheitspolitik in dieser Welt sein muss, aber nur eingebettet in eine friedliche Sicherheitspolitik mit vielen anderen Instrumenten. Es muss im Einzelfall geprüft werden, wie man als Staat reagiert, wie wir uns außen- und sicherheitspolitisch einmischen, engagieren. Es wird häufig weitreichende Folgen haben.

Aufrüstung hat meist nur zu mehr Kriegen und Konflikten geführt. Egal, wie man sich bei den Kriegen und Auseinandersetzungen in der Ukraine, im Nahen Osten oder sonstwo positionieren mag, wie wichtig einem die Verteidigung ist, in einer Demokratie gehören alle Fakten vor so weitreichenden Entscheidungen auf den Tisch. Moral muss einem Kompass folgen und unteilbaren Werten. Dabei ist selbst dieses moralische Handeln gefährlich, denn es kann woanders auf der Welt als völlig amoralisch beurteilt werden.

Vor allem aber muss gelten: Meinung und Entscheidungen, Politik dürfen nicht gekauft, nicht korrumpiert werden. Der Profitlobbyismus muss gerade in diesen sensiblen Fragen völlig ausgeschlossen werden. Dafür brauchen wir klare Regeln, insbesondere für die Profipolitik, wirksame Kontrollen und Transparenz. Kein Cent öffentlicher Gelder darf in Lobbyorganisationen fließen. Es muss jedem klargemacht werden, dass sie in erster Linie Profitinteressen vertreten. Dazu brauchen wir eine offene Debatte auf Grundlage wirklich unabhängiger Sachexpertise, statt der Beschallung von neuesten Hobbyexperten mit Mandat und Profiteuren der Lobbys. Gerade dort fehlt Antje Vollmer sehr. Wir sollten ihrem Vermächtnis zu mehr Öffentlichkeit und Resonanz verhelfen.

Literatur

Becker, Sven/Knaup, Horand/Traufetter, Gerald (2016): Wie in alten Zeiten. In: SpiegelOnline; spiegel.de/politik/wie-in-alten-zeiten-a-9ea21520-0002-0001-0000-000147714788?context=issue (24.1.2024).

Bocksch, René (2023): Der Bundeshaushalt 2024. In: Statista; statista.com/infografik/14562/bundeshaushalt-deutschland/ (24.1.2024).

Boemcken, Marc von/Rohleder, Paul/Bayer, Markus/Hauk, Stella (2023): Verschwendet oder effektiv? Militärausgaben in Deutschland, Frankreich und dem Vereinigten Königreich im Vergleich. BICC.

Brandt, Mathias (2023): Wo wird im Bundeshaushalt 2024 gespart? In: Statista; statista.com/infografik/30763/entwicklung-der-ausgaben-fuer-ausgewaehlte-posten-des-bundeshaushalts/ (24.1.2024).

Knorr, Ingrid/Zetsche, Anne (2023): Revolving Doors. Wie Politik und Rüstungsindustrie gemeinsame Sache machen. In: Greenpeace Online; greenpeace.de/publikationen/20231208_Recherche_Ruestung.pdf (24.1.2024).

Statista Research Department (2024): Die Länder mit den weltweit höchsten Militärausgaben im Jahr 2022 (in Milliarden US-Dollar). In: Statista; statista.com/statistik/daten/studie/157935/umfrage/laender-mit-den-hoechsten-militaerausgaben/ (24.1.2024).

Daniela Dahn

Im Vorwurf des Rassismus überlebt der Rassegedanke

Kann man Hass verlernen?

Zu den Eigenschaften, die ich an Antje Vollmer so geschätzt habe, gehörte ihre Gabe, sachlich begründeten Widerspruch als Bereicherung anzunehmen, darauf einzugehen, bedenkend, widerlegend, oder auch ganz oder teilweise akzeptierend. Schließlich sei nicht vergessen, dass sie von ihrer Herkunft Theologin war. Sie konnte mit verschiedenen Perspektiven umgehen und hatte einen weiten Reflexionsraum. Immer legte sie Wert darauf, die Bedeutung verwendeter Begriffe genau zu bedenken und zu bestimmen.

Krieg verlernen – was für eine treffliche Wortwahl für eine überlebenswichtige Aufgabe der Menschheit – nicht nur für Pazifisten. Sie umfasst mentale und kognitive Veränderungen genauso, wie praktisch-strukturelle. Krieg werde es so lange geben, wie auch nur ein Mensch daran verdient, hatte Bertolt Brecht einst vorhergesagt. Krieg verlernen – das heißt, zu begreifen, dass er nur Verlierer gebiert. Wie soll man den die Bürger repräsentierenden Politikern beibringen, dass sie der kleinen Gruppe der Kriegsgewinner im militärisch-industriellen Komplex das Wasser abzugraben haben? Sehr, sehr schwierig. Aber angesichts einer im doppelten Wortsinn ertrinkenden und verbrennenden Welt auch nicht unmöglich.

Aber Hass verlernen – ist das möglich? Und ist es so generell gesagt überhaupt wünschenswert? Gibt es nicht neben dem Unheil stiftenden auch einen moralisch berechtigten Hass? Einen »heiligen Zorn«, der in der Bibel immer wieder eingreift? »Die ihr den Herrn liebet, hasset das Arge!«, heißt es in einem Psalm. Und bei Amos recht schwarz-weiß: »Hasset das Böse und liebet das Gute.« Erlauben oder erwarten gar die Religionsgelehrten, das zu hassen, was auch der jeweilige Gott hasst? Und machen wir uns so von Auslegungen abhängig?

Gehört zum Krieg-verlernen, dass man ihn hasst? Es macht mich traurig, dass ich die Gelegenheit versäumt habe, mit Antje darüber zu streiten. Nach der Veröffentlichung ihres so eindrücklichen Vermächtnisses gab es andere Prioritäten. Noch einmal hatte sie unsere Gruppe in ihre Berliner Wohnung geladen. Bestürzt vernahmen wir ihre sehr sachliche und jede Sentimentalität vermeidende Mitteilung, dies sei nun unsere letzte Begegnung, sie sei »austherapiert«, verlasse Berlin, um die letzten Wochen mit der Familie ihres Sohnes zu verbringen. Auch ihr Vermächtnis an uns hatte sie genau überlegt: Wir mögen den »Neubeginn« als Versuch fortführen, mit den gesetzten Schwerpunktthemen, und sie empfahl, diesen und jenen Mitstreiter noch aufzunehmen.

Bei der letzten Gelegenheit, sie allein zu sprechen, bat ich eine indiskrete Frage stellen zu dürfen. Ob bei ihrer gefassten Haltung, für das Kommende bereit zu sein, der Glaube helfe. Sie zögerte nicht: Der Glaube nicht, aber das Spirituelle, das Transzendentale – ja, das schon.

Wenn ich mich in dieser Sphäre besser auskennen würde, hätte ich vielleicht nicht das Problem mit der Ambivalenz von Hass, das mich seit meiner Oberschulzeit begleitet. In der mich eine Lektüre dieses ganze führende Nazi-Pack von Herzen hassen lehrte: »Die große Reise«, der autobiografische Roman von Jorge Semprun über Spuren des Humanen selbst im Grauen seines KZ-Aufenthalts. Es mag zur selben Zeit gewesen sein, als ich von der Marx-Tochter Eleanor über ihren Vater las, dass er, der ein solcher Kämpfer für eine bessere Gesellschaft war, »so bitter hassen konnte, nur weil er einer so innigen Liebe fähig war«.

Hass ist nicht unbedingt das Gegenteil von Liebe. Das wird wohl eher Gleichgültigkeit sein. Zwischen Hass und Liebe scheint ein gewisser Bund zu bestehen. Eine wissenschaftliche Definition fehlt, aber beide werden als die stärksten Gefühle beschrieben, die ein Mensch überhaupt empfinden kann. Mit archaischer Kraft, die oft mit Vernunft nicht mehr zu messen ist. Weshalb das eine nicht selten in das andere umschlägt. Verteufelung und Vergötterung – eine Affinität zum Religiösen ist unverkennbar. Die Psychoanalyse warnt vor Gefühlsverleugnung. Vielmehr müsse einem beigebracht werden, das vergiftende Gefühl nicht auf Sündenböcke zu übertragen, sondern früh prägende Ursachen zu erkennen. In diesem Sinne Hass verlernen?

Dazu hat die Kunst von Anfang an beigetragen, allerdings nicht unumstritten. Als ich nach der Wende in den PEN gewählt wurde, hatte ich dessen Charta zu unterschreiben. Viele hehre Ziele, aber in besagter Frage doch irritierend. »Mitglieder des PEN verpflichten sich, mit äußerster Kraft für die Bekämpfung jedweder Form von Hass [...] zu wirken.« Jedweder Form? Und gilt die oft einfühlsame Beschreibung von Hass, die die gesamte Literaturgeschichte durchzieht, als »Bekämpfung«?

Ich dachte an die griechische Mythologie, die Ilias, Achill hasst Hektor, oder an Medea, deren Liebe zu Jason nach dessen Verrat in blutigen Hass umschlägt. In den Nibelungen hasst Kriemhild den Verräter Hagen. Und die Märchen? Die böse Stiefmutter vergiftet Schneewittchen aus Hass. Haben die Grimms ihn durch die Auferstehung Schneewittchens hinreichend bekämpft? In großem Sprung zu dem Dichter der 1848-Revolution, Georg Herwegh, mit seinem Lied vom Hasse: »Und wo es noch Tyrannen gibt,/ Die laß uns keck erfassen;/ Wir haben lang genug geliebt,/ Und wollen endlich hassen!« Da erübrigt es sich, an Shakespeare zu erinnern, an Baudelaire, Céline, Brecht, Bernhard, Jellinek oder Houellebecq.

Damals sagte ich auf der PEN-Versammlung, dass ich mich schwertäte, mich auf eine so unpräzise, missverständliche Formulierung verpflichten zu lassen. Zu meiner Erleichterung erwiderte der damalige Ehrenpräsident des Ost-PEN und Vizepräsident des internationalen PEN, Stephan Hermlin, meine Bedenken seien durchaus nachvollziehbar, aber es sei vollkommen ausgeschlossen, eine Veränderung der international gültigen Charta zu erreichen. Das war auch nie meine Absicht, ich zögerte nur, Mitglied zu werden.

Der Begriff Hass hat inzwischen, nicht zuletzt durch die unsozialen Medien, eine geistesgeschichtliche Entwicklung genommen. Er bleibt zwar unbestimmt, steht aber in erster Linie für die existenzielle Verletzung des Gegenüber, für Hassrede, die oft nicht bei Rhetorik Halt macht. Er hat die Ambivalenz weitgehend verlassen und erweist sich in der Aufstachelung zu Gewalttaten gegenüber Andersdenkenden, Anderslebenden und Andersaussehenden. Die massenhafte Tötung der Gehassten ist erneut kein Tabu mehr.

Wenn ich mich im Folgenden einer besonders niederträchtigen Form des Hasses zuwende, dem Antisemitismus, so in der Sorge, dass gerade hier ein unpräziser, untauglicher Begriff von den eigentlichen Ursachen ablenkt und so die Bekämpfung erschwert.

Jeder weiß heute, was Antisemitismus ist, aber niemand, was Semitismus[5]

Das mittelalterliche Pogrom der Hamas gegen friedlich feiernde, meist palästinenserfreundliche Israelis und die sich in vielen Ländern wie Schallwellen ausbreitenden Feindseligkeiten gegenüber Juden haben eine Debatte über Antisemitismus ausgelöst, die mehr Fragen aufwirft als sie beantwortet. Wenn all die weltweiten Proteste und Appelle gegen Fremdenfeindlichkeit und Hass den Radikalismus seither hier wie dort nur verschlimmert haben, wenn Präventionsprogramme genauso erfolglos waren wie staatliche Antisemitismus-Beauftragte oder harte Gerichtsurteile, sind wir offenbar auf einem falschen Pfad. Deshalb eine Überlegung, tastend, unsicher, wie alles derzeit.

Das zionistische Versprechen vom einen Juden sicher beschützenden Israel ist zerplatzt, genauso wie das normale Alltagsleben in jüdischen Einrichtungen weltweit. Selbst einst nach Südafrika ausgewanderte und wegen der dortigen Apartheid später in England hängengebliebene Verwandte sagen mir jetzt im Zoom-Gespräch: Schon vor dem Anschlag fürchtete die Hälfte der britischen Juden, keine Zukunft im Land zu haben. Bisher trösteten wir uns, dann gehen wir eben zur Mischpoche nach Haifa. Doch der Ausweg ins gelobte Land ist für lange Zeit, wenn nicht für immer, verschlossen.

---

[5] Ab hier erschien der Beitrag unter dem Gesamttitel zuerst in der Berliner Zeitung vom 25.11.2023.

Diese Traurigkeit wird auch genährt durch die grell ins Bewusstsein zurückgeholte Gewissheit, dass der ungelöste Nahostkonflikt immer noch eine Folge des deutschen Faschismus ist. Er gehört zu der Vergangenheit, die nicht vergeht. Der industrielle Völkermord an den Juden war pervertierter Rassismus. Das kann man nicht »wiedergutmachen«.

Wer lange verfolgt wird, wird schuldig, sagt Camus. Verfolgt wurde wohl kein Volk öfter, opferreicher, bestialischer als die Juden. Nach der Shoah war die mit knapper Mehrheit zustande gekommene Geste der UN, sie in Palästina willkommen zu heißen, folgerichtig. Doch sie waren nicht willkommen. Stattdessen Bürgerkrieg mit den Bewohnern der Region, Überfall arabischer Länder und die von den jüdischen Einwanderern betriebene Vertreibung der Palästinenser. All das verbaute eine einvernehmliche Zukunft. Über die Nakba erfährt man in israelischen Schulbüchern eher nichts. In den Schulbüchern der arabischen Welt wiederum wird der Holocaust weitgehend ausgespart. Wie will man Empathie füreinander entwickeln, wenn die Leidensgeschichte des Nachbarn unbekannt ist? Wahrheit werde durch das Herausschneiden aus dem Zusammenhang zur Unwahrheit, hat Adorno in seinem 1967 gehaltenen Vortrag »Aspekte des neuen Rechtsradikalismus« beklagt.

Araber sind genauso Semiten wie Juden

Was für eine Schande, wenn sich 80 Jahre nach der Shoah Juden alten Vorurteilen und neuem Hass ausgesetzt sehen! Die allemal gebotene Wachsamkeit sollte allerdings auch für die inflationäre Zuordnung von Antisemitismus gelten, sobald kritisches Ursache-Wirkung-Denken gegenüber Politik, auch der israelischen, artikuliert wird. Als Bruno Kreisky, der einzige jüdische Politiker im deutschsprachigen Raum, der es je an die Regierungsspitze geschafft hat, gefragt wurde, weshalb er eine besonders kritische Haltung zu Israel habe, antwortete er sinngemäß, man könne seinen besten Freunden nur durch offene Kritik ihrer Fehler helfen.

Wenn Ablehnern von Maßnahmen israelischer Politiker reflexartig rassistische Motive unterstellt werden, wird rationale

Verständigung verunmöglicht. Im Vorwurf des Rassismus überlebt der Rassegedanke. Heute weiß jeder, was Antisemitismus ist, aber niemand, was Semitismus. Denn auch dieser Begriff ist fremdenfeindlich bis rassistisch aufgeladen. Es macht also wenig Sinn, ihn als Bezugspunkt für sein Anti zu nehmen. Das war nicht immer so. Ursprünglich kam Semitismus aus der Sprachwissenschaft, so wie Anglizismus. Er bezeichnete ganz neutral Ausdrucksweisen in Hebräisch, Arabisch und Aramäisch. Später wurde auch die Gesamtheit orientalischer Kultur so definiert. Araber sind also genauso Semiten wie Juden.

»Man kann nur definieren, was keine Geschichte hat«, behauptete einst Friedrich Nietzsche gewohnt überspitzt. Aber in der Tat sind sämtliche heutige Antisemitismus-Definitionen unbefriedigend. Sie arbeiten wiederum mit nicht definierten Begriffen, mit may be, der Hass gegenüber Juden wird auch auf »jüdische Einrichtungen« ausgeweitet (kann man Einrichtungen hassen?) und schließlich auf Nichtjuden, wenn diese »jüdische Interessen« unterstützen. Hier schrammt man haarscharf an Verschwörungstheorien vorbei. Der Bedeutungsinhalt wird derart überdehnt, dass sein Sinn zerplatzt.

Antijudaismus – diese rein religiöse Zuschreibung war einst begründet mit der Abwendung des entstehenden Christentums vom Alten Testament, dem Zoff um Messias. Die Verbiegung hin zur Rassentheorie besorgte erst 1800 Jahre später der französische Diplomat Gobineau mit seinem Buch: »Versuch über die Ungleichheit der Menschenrassen«. Erstmalig gab es eine Zuschreibung als »Jude« jenseits der Religion – ein wahrlich verhängnisvoller Versuch.

Von da war es nicht weit bis zu der Schmähschrift von Wilhelm Marr: »Der Sieg des Judenthums über das Germanenthum«, die vorhersagte, dass mit der Judenemanzipation das Germanentum zum Aussterben verurteilt sei. Auf derartige Legenden baute die »Antisemitenliga« im Kaiserreich. Zu dem Fluch »Die Juden sind unser Unglück!« verstieg sich schließlich Heinrich von Treitschke im »Berliner Antisemitismus-Streit«. Für ihn waren sie meist »deutsch redende Orientalen«. Der jahrhundertealte, religiöse Antijudaismus schlüpfte ins Kostüm eines scheinwissenschaftlichen Rassismus.

Eine Konfusion, die nichts zu wünschen übriglässt

Dabei war die Forschung damals schon so weit, das Ganze als Humbug entlarven zu können. Das erste wissenschaftliche Buch über Antisemitismus veröffentlichte 1901 Heinrich Graf Coudenhove. Sämtliche Nationen seien ein Gemisch verschmolzener Völker. Die Juden hätten sich schon in ägyptischer Gefangenschaft vermengt, wie andere in ihren Völkerwanderungen. Er verweist auf Dio Cassius, der bereits 223 nach Christus den Namen »Juden«, also Bewohner Jehudas, für unzutreffend hielt. Durchziehende jüdische Kaufleute, Dolmetscher oder Ärzte hätten so manchem nichtsemitischen Landesfürsten die Liebe zum Judentum beigebracht. Übergetreten seien damals Römer, Gallier und Germanen, auch arabische und schwarze Stämme. Mit dem König der Chazaren sei später ein ganzer finnisch-ugrischer Volksstamm jüdisch geworden. Die germanische Kultur sei auf semitischem Boden gewachsen, Hauptobjekte katholischen Kults wären der babylonischen Kultur entlehnt, während die Babylonier ihre Götter von den Sumerern liehen. Alle Vorstellungen von Volksgruppen seien bestenfalls schwankende Annahmen, »eine Konfusion, die nichts zu wünschen übriglässt«.

Die Nazis als Zuchtmeister des Rassismus entließen schließlich die Araber aus dem Antisemitismus und konzentrierten ihn ganz auf vermeintliche Juden. Doch es gab ein Problem. Zwar hatten sie 1935 das Blutschutzgesetz erlassen, das »arisches Blut« von »nichtarischem« schützen sollte. Aber sie hatten keinen blassen Schimmer, wie man beide Blutsorten nachweisen sollte. Es gibt nun mal kein messbares Merkmal, mit dem man jemanden einer »Blutschande« überführen kann. Sie hätten es so gern rassisch begründet, aber, welch Schande für ihre Theorie, es blieb ihnen nichts, als die Kirchenbücher zurate zu ziehen. Hans Globke, Referent für Rassenfragen im NS-Innenministerium, beseitigte so das Definitionshindernis; damit noch etwas von der Abstammungslehre gerettet werden konnte, verfolgte man die Kirchenregister bis in die Großelterngeneration. Damit entschied die oft zufällige Religionszugehörigkeit der Großeltern über Leben und Tod der Betroffenen. Globke erfand auch die unsägliche Bruchrechnung für jüdische Anteile (die sich umgangssprachlich nicht selten bis heute erhalten hat).

Restlos pervers war die Forderung nach einem sogenannten Ariernachweis, der Verdächtige im Sinne der Nürnberger Rassegesetze entlasten sollte. Das konnte nur funktionieren, weil man das Bild von den Ariern als nordisch blonde Herrenrasse in Schulen und Medien massenhaft verbreitet hatte. Offenbar wusste niemand, dass die Arier ein friedliebendes Hirtenvolk auf der Hochebene des Iran sind, das sich später bis Indien ausgebreitet hat. Wunderbar, wie Mo Asumang in ihrem Dokumentarfilm »Die Arier« iranische Dorfbewohner zu Wort kommen lässt: »Wir Arier denken, Hitler war verrückt. Schon König Kyros hat gesagt: Es gibt keine Unterschiede zwischen den Völkern. Das ist arisch.«

Wie beschämend für uns Neuzeitliche, dass das Denken in den Kategorien von Rassen schon in der Antike als widerlegt galt. Beschämend, wie viele sich widerspruchslos der Verpflichtung zum Ariernachweis gebeugt haben. Auch mein Großonkel, der einen katholischen Priester in Polen bestochen hat für den Nachweis, dass er ein unehelicher Sohn sei und so seinen »jüdischen Anteil« reduzieren konnte. Lächerlich, unwürdig. Aber es hat geholfen.

Unwürdiges darf nie hilfreich sein. In bester Absicht, den nicht zu bestreitenden Hass abzubauen, darf nicht Verwirrung gestiftet werden. Wäre es hilfreicher, weil erhellender, statt von Antisemitismus von Judenfeindlichkeit zu sprechen? Alles so Fragen. Doch siehe Cassius, siehe Globke, wer ist denn nun Jude? Wer eine jüdische Mutter hat, na gut. Ein Zirkelschluss. Denn was ist eine jüdische Mutter? Sollte sie Mitglied der jüdischen Gemeinde sein? Da kenne ich so manche jüdische Mame, die das nicht ist. Müsste sie wenigstens in die Mikwe, das Tauchbad gehen, den Sabbat und die jüdischen Gesetze einhalten? Das sieht das Reformjudentum eher entspannt.

Zumal das Mutterprinzip nicht immer galt. Ruth, die Urgroßmutter von David, dem jüdischsten aller Könige, war Mohabiterin, also Nichtjüdin. Er selbst heiratete eine Philisterin. Im Alten Testament wird die Zugehörigkeit zum Volk Israel über die väterliche Abstammungslinie definiert. So war es kein Problem, dass Josef eine Ägypterin heiratete. Erst etwa im Jahre 200 führte die Mischna neue Prinzipien ein, mit denen sich der Talmud schwertat. Warum die patrilineare Abstammung nach dem Vaterprinzip in die matrilineare umgewandelt wurde, haben die Historiker nicht eindeutig klären können. Einig sind sie sich nur darin, dass es keine religiösen oder ethischen Gründe waren, sondern recht banaler Pragmatismus.

Anti-Antisemitismus tappt in eine Falle

Mitte der 1980er-Jahre hatte sich in der Ost-Berliner jüdischen Gemeinde die »Wir für uns«-Gruppe gefunden – Leute meiner Generation mit einem oder zwei, manchmal auch drei oder vier jüdischen Großelternteilen, die sich für ihre Wurzeln zu interessieren begannen. Unser Lieblingswitz: Wenn sich früher drei Juden trafen, stritten sie über den Messias. Treffen sie sich heute, streiten sie über jüdische Identität. Wir alle waren atheistisch, aber mit Kibbuz-ähnlichen Vorstellungen erzogen. Eine religiöse Identität hatten wir nicht, eine genetisch begründete kam nach dem NS-Wahn nicht infrage. Warum fühlten wir uns dennoch irgendwie weitläufig verwandt? Das ist rein kulturell-biografisch bedingt, sagten die einen. Alles Mischpoche, widersprachen selbstironisch die anderen. So stritten wir, und wenn wir nicht gestorben sind, dann streiten wir noch heute.

Moshe Zuckermann sprach uns nachträglich frei, als er darauf hinwies, dass man sich im israelischen Verfassungsdiskurs bis heute nicht darauf einigen konnte, »wer oder was ein Jude sei«. Aber warum tun wir nach der Nazizeit überhaupt wieder so, als sei das Wissen darum, wer nun »jüdischer Mitbürger« ist, wichtig? Warum betrachten wir es nicht als Privatsache, wer warum welche Identität hat? Ziemlich sicher bin ich mir aus Gesprächen, dass man vielen Juden keinen Gefallen tut, wenn jede politische oder religiöse Gegnerschaft als antisemitisch diagnostiziert wird, also letztlich auf etwas jenseits des eigenen Einflusses der »Semiten«. So hält man die »jüdische Frage« am Kochen, die doch einzig eine von Gojim, also Nichtjuden gestellte ist. Je mehr es zum gesellschaftlichen Auftrag wird, hinter jeder Fichte einen Antisemiten zu enttarnen, desto bedenklicher wird das Ganze.

Der mosaische Historiker Gustav Mayer, der als Student noch Vorlesungen bei Treitschke gehört hatte, drückte in seinen Memoiren aus, was andere jüdische Kommentatoren ähnlich beschrieben: Die immer wiederkehrende Judenfeindschaft sei ein Relikt aus alten Zeiten, verletzend, aber in ihrer schlichten Machart auch »einfach langweilig« geworden. Sie sei wie »letzte Zuckungen mittelalterlicher Verirrung«. »Weil solchen Blicken die Reflexion fehlt, werden die Reflexionslosen davon elektrisiert«, befand später Adorno. »Einem solchen Denken ist es egal, ob es überhaupt noch ›den Juden‹ in der bekämpften Gestalt gibt.« Dem Antisemitismus wird vorgeworfen, alles Komplexe auf ein Thema zu reduzieren. Aber der Anti-Antisemitismus tappt in dieselbe Falle, indem er auch nur ein wage umschriebenes Motiv zu kennen vorgibt.

Um rassistische Inhalte zu kaschieren, würde vornehm von Kultur gesprochen, behaupten wiederum die Anhänger der Theorie vom »Rassismus ohne Rassen«. Es sei aber rassistische Praxis, wenn Mehrheiten die Macht besäßen, Minderheiten als »anders« oder »schädlich« zu definieren und sie deshalb zu benachteiligen, wenn nicht zu verfolgen. Demnach wäre die Ausgrenzung von Dissidenten, Kommunisten, Armen, Homosexuellen, Ungläubigen, Ungeimpften auch Rassismus? Da wird analytische Schärfe der Beliebigkeit geopfert.

Oder zweckentfremdet zu Disziplinierung. Jetzt macht man sich schon durch ein Aber verdächtig. Inzwischen ist bald jede Abweichung vom Trampelpfad der öffentlich beglaubigten Einseitigkeit dem Vorwurf ausgesetzt, empathielos, rechtsoffen oder eben antisemitisch zu sein. Das ist nicht ohne Grund der schlimmste KO-Tropfen, der einem hierzulande auf offener Bühne verabreicht werden kann. Wie unlängst auf skandalöse Weise

Jeremy Corbyn durch die Berliner Volksbühne. Der Ausgrenzungsfetischismus erfasst inzwischen Juden und Nichtjuden, Freund und Feind.

Israel gehört laut einer Gallup-Studie mit seinen 65% Ungläubigen zu den am wenigsten religiösen Ländern der Welt. Von seinen antijudaistsichen Ursprüngen hat sich der von Anfang an untaugliche Begriff Antisemitismus in einem überholten Denkrahmen etabliert. Er hat sich zu einem Abstraktum verselbständigt, das von den eigentlichen Ursachen für Feindschaften ablenkt: machtpolitische und ökonomische Verteilungskämpfe. Und man kann sich des Eindrucks schwer erwehren, das ist gewollt. Antisemitismus sei auch die Reduzierung des ökonomischen Unrechts der bürgerlichen Klasse auf Juden, befanden Max Horkheimer & Theodor Adorno 1947. Ein trefflicher Befund, der gern dahingehend missbraucht wird, man dürfe dieses Unrecht, also letztlich den Kapitalismus, überhaupt nicht kritisieren, weil damit untergründig eine Kritik an Juden gemeint sei. Im Kampf zwischen Ideal und Interesse ist es immer das Ideal, das unterliegt.

»Die Hamas muss vernichtet werden«, heißt es. Wer genau ist da zum Töten freigegeben? Die Hamas hatte sich als Zweig der Muslim-Bruderschaft zu Beginn der ersten Intifada von der weitgehend säkularen PLO abgespalten. Weil sie die Zwei-Staaten-Lösung, zu der sich der Realist Jassir Arafat schweren Herzens durchgerungen hatte, nicht mittragen wollte. Das kam einigen israelischen Führern sehr gelegen, da sie bekanntlich den Palästinensern auch keinen souveränen Staat gönnten.

Seit 1987 förderte daher Israel den Aufstieg der islamischen Hamas. Brigadegeneral Yitzak Segev sagte dem Investigativ-Portal The Intercept, er habe von der israelischen Regierung ein Budget für die Hamas bekommen, das an die Moscheen übergeben wurde. »Die Hamas ist, zu meinem großen Bedauern, eine israelische Kreation.« Ministerpräsident Jitzchak Rabin habe dies später als fatalen Fehler eingestanden. Und Roger Cohen erinnerte am 22. Oktober 2023 in der New York Times: »Alle Mittel waren gut, um die Idee eines palästinensischen Staates rückgängig zu machen. 2019 sagte Netanjahu bei einem Treffen seiner

Likud-Partei: ›Diejenigen, die die Möglichkeit eines palästinensischen Staates vereiteln wollen, sollten die Stärkung der Hamas und den Transfer von Geld an die Hamas unterstützen. Das ist Teil unserer Strategie‹.«

So hat »die einzige Demokratie im Nahen Osten« den politischen Islamismus genährt. Solange dieser seinen Anhängern weismacht, der Tod für Gott müsse ihr hehrster Wunsch sein, es gäbe keinen direkteren Weg, in Allahs himmlische Nähe zu gelangen, als für ihn im Dschihad zu sterben, solange werden jedem abgeschlagenen Kopf des Terrorismus-Drachens sieben neue nachwachsen. Das Problem ist, wie fast jedes, nicht militärisch zu lösen. Und dieses besonders nicht. Sondern?

Hamas ist ein Geschöpf politischer Doppelmoral und des Teile-und-Herrsche. Und sollte daher auf der Ebene der Politik analysiert und bekämpft werden. Das schließt eingeschränkte militärische Aktionen nicht aus, die ihm seine Angriffsfähigkeit nimmt. Die verbrecherischen Gewalttäter der Hamas vom 7. Oktober und ihre religiösen Befehlsgeber sind Verblendete, Verrohte, Verdammenswerte – aber sie sind Menschen. Ich bin generell gegen die Vernichtung von Menschen. Vielleicht ist das mein jüdisches Erbe.

Kaum mit dem Koran vereinbar

Den Schlüssel zum Haupteingang der Lösung haben die verhandelnden Politiker. Der Hamas werde mit einer Friedenslösung die Existenzgrundlage entzogen, sagt jetzt der Vorsitzende des Zentralrates der Muslime in Deutschland, Aiman Mazyek. Und er spricht von »unseren jüdischen Geschwistern«. Die Lebensbedingungen in Gaza und auch im Westjordanland dürfen nie wieder so werden, wie sie waren. Bei einer Demo in Neukölln sagt ein Palästinenser am Straßenrand: »Ja, wir freuen uns. Aber nicht, weil Menschen getötet wurden, sondern weil es jetzt ohne die Zweistaatenlösung nicht mehr gehen wird. Sogar die Amerikaner sprechen sich dafür aus. Wir hatten lange nicht so viel Hoffnung.« Beweggründe erfragen, statt Antisemitismus zu unterstellen.

Den Schlüssel zum Nebeneingang besitzen die Religionsgelehrten. Die Religionen haben mit ihren Schriftrollen und Gesetzestafeln die wohl entscheidendsten Beiträge zur Zivilisation der Menschheit geleistet. Gleichzeitig haben sie diese Fortschritte mit ihren fundamentalistischen Theorien und Praktiken auch immer wieder erbarmungslos zurückgeworfen: mit den Feindseligkeiten zwischen den Glaubensbekenntnissen, ihrer jahrhundertelangen Unterdrückung der Frauen, mit Missionierungen, Pogromen, mit Inquisition, ihren Glaubenskriegen. Zur Religionsfreiheit gehört auch die Freiheit zur Kritik an der Religion.

Drei Viertel der Palästinenser geben an, religiös zu sein. In der Gründungscharta der Hamas gilt ganz Palästina nach göttlicher Vorgabe bis zur Auferstehung als im Besitz der Muslime. Jede Abweichung sei ein Verstoß gegen Gottes Wille. Deshalb sei die Tötung von Juden die Pflicht jedes Muslims. Diese Charta ist kaum mit dem Koran vereinbar, sie missbraucht ihn für irdische Interessen. Dennoch hat der hier formulierte Hass nichts mit rassistischen Feindseligkeiten zwischen Semiten zu tun. Antisemitismus wäre selbst hier die falsche Zuschreibung.

Das ist keine akademische Spitzfindigkeit, sondern soweit ich sehe, ein bedeutender praktischer Unterschied. Gegen den anhaltenden Vorwurf, einer feindlichen Ethnie anzugehören, kann man sich nicht wehren, da kommt man im wahrsten Wortsinn nicht aus seiner Haut. Aber Schalom – Salam – Frieden ist das oberste moralische Gebot aller Gläubigen und Ungläubigen. Der Friedfertigkeit zum Durchbruch verhelfen – hier besteht wahrlich Verteidigungsbedarf.

Statt die mittelalterliche Verirrung Antisemitismus wiederzubeleben, gilt es den Ausgrenzungsfetischismus generell aufzugeben, die wirklichen Interessen der Gegenseite zur Kenntnis zu nehmen. Dazu gehört, hartnäckige Missverständnisse abzubauen. Etwa die missverstandene Bedeutung von den Juden als von Gott *auserwähltem* Volk. Man könnte es auch als *geschätztes* oder *besonderes* Volk übersetzen. Dabei geht es nicht um eine Bevorzugung der Juden. Mit der Offenbarung der Tora am Berg Sinai hat Abraham eine große sittliche Verpflichtung entgegengenommen. Nämlich Vermittler für *alle* Menschen zwischen Gott und der Schöpfung zu sein. Wird Israel, das so viel Wert darauf legt, ein jüdischer Staat zu sein, dieser Verpflichtung mit dem jetzt von ihm angerichteten Inferno in Gaza gerecht? Sicher nicht.

Wir sind auserwählt zum Leid, hatte meine Mutter (die Vaterjüdin) gesagt. Aber nein, Mame, kein Gott, kein Staat und kein Militärbündnis hat das Recht, irgendeine Gemeinschaft leiden zu lassen. Aber ja, verdammt sind wir alle auf dieser kleinen, wunderbaren Erde – verdammt uns zu vertragen. Und das geschieht uns recht.

Hans-Eckardt Wenzel

Die Erkennbarkeit der Welt oder: Nebelhörner im Dunst des Krieges

Der Krieg wird nicht unnötig
Wenn er nicht geführt wird
Sondern nur, wenn er unnötig ist
Braucht er nicht geführt zu werden.
Bertolt Brecht (1969: 116)

1

Furcht vor Frieden beherrscht die offizielle deutsche Gesellschaft mit ihren Fernsehsendern, Gazetten, Redenschreibern und Internetportalen. Kräfte, die auf Kompromiss, auf Lösungen aus sind, die auf Dialog setzen, werden diskreditiert oder wie Spione behandelt. Der Krieg hat die Gesellschaft erobert und duldet keine Widerrede. Er tobt in Schützengräbern, Talkshows, Flüchtlingslagern, auf internationalen Konferenzen und in den logischen Schlüssen der Mächtigen. Die Militärausgaben für das Jahr 2022 betrugen weltweit 2,2 Billionen Dollar. 2023 aber brachte ganz sicher einen neuen Rekord im Vernichten von öffentlichen Geldern für den Rüstungshaushalt. Der DAX jubelt, die Gewinne der Rüstungskonzerne stiegen um mehr als 50%, und Politiker aus der zweiten Reihe wurden zu Dauergästen in Fernsehstudios, wenn sie nur kräftig und laut *Waffen! Waffen! Waffen*! schrien. *Aber unter all diesen Predigten wird man kaum zwei finden, in denen der Redner einige Worte gegen die Plage und das Verbrechen des Krieges zu sagen wagt, der alle Plagen und alle Verbrechen in sich einschließt.* (Voltaire 1984: 102) Moralische Überlegenheit befreit vom Reflektieren. Ein SPD-Politiker, der vor 30 Jahren gefordert hätte, das Land müsse *kriegstüchtig* werden – in welche Klinik hätte man ihn eingeliefert? Eine deutsche Außenministerin, die *Kriegsmüdigkeit*[6] beklagt, hätte ihr nicht in

[6] Vgl. Kraus 1977: »Kriegsmüde – das ist das dümmste von allen Worten, die die Zeit hat. Kriegsmüde sein, das heißt müde sein des Mor-

den 1990er-Jahren eine Karriere als Comedian offen gestanden? Was ist mit diesem Land geschehen, dass sich die Werte so rigoros umkehren ließen? Trotz der Erfahrung einer friedlichen Demobilisierung des Kalten Krieges? *Entspannungspolitik* gilt heute als Schwäche. Schon der Jugoslawienkrieg wäre mit einem diplomatischen Außenminister zu verhindern gewesen. Wie viele Tote weniger? Antje Vollmer erzählte, sie habe Joschka Fischer vorgeschlagen, er solle Egon Bahr in die Verhandlungen einschalten, dessen Kontakte nach Moskau böten Möglichkeiten, den Konflikt friedlich zu beenden, wenn man die russische Seite mit ihrem Einfluss auf die Serben aktivieren würde. Fischer beharrte auf seinem Auschwitz-Vergleich. Ein *Nachgeben* hätte man nicht mehr nötig. Die Losung *Nie wieder Krieg!* galt nicht mehr. Jetzt galt: *Nie wieder Auschwitz!* Und wo sich Auschwitz gerade befand, das bestimmten die Militärs. (Ist dies nicht auch eine Form des Antisemitismus?) Der westliche Übermut wurde manifest. Durch kampflosen Sieg über den Realsozialismus war man *im Hafen der Geschichte* angekommen. Nun war alles möglich, der Neoliberalismus hatte sich von seinen letzten Fesseln befreit.

Denkt nur nicht nach, was ihr zu sagen habt:
Ihr werdet nicht gefragt.
Die Esser sind vollzählig
Was hier gebraucht wird, ist Hackfleisch.
(Brecht 1978: 170)

Aber noch gab es eine Friedensbewegung. Noch gab es die Erfahrungen einer Generation, die dem letzten großen Morden entkommen war. Noch wurden die Waffen tragenden Soldaten nicht als schön empfunden, als Retter, und zierten noch nicht die Titelseiten der Zeitungen. Noch sprach man verschämt und mit schlechtem Gewissen über die Profite der Rüstungskonzerne.

---

des, müde des Raubes […]. War man je zu alldem frisch und munter? So wäre Kriegsmüdigkeit wahrlich ein Zustand, der keine Rettung verdient. […] Aus Kriegsmüdigkeit werde der Krieg nicht beendet, sondern unterlassen.«

Ach, was musste man sich mühen, das Volk zu überreden, den Krieg zumindest zu tolerieren! Da zogen die alten Geschichten längst nicht mehr wie beim Attentat von Sarajewo,[7] beim Überfall auf den Sender Gleiwitz,[8] beim Angriff der vietnamesischen Fischerbote in der Bucht von Tonkin[9] auf amerikanische Kriegsschiffe. Auch das weiße Pulver, das Colin Powell, der US-amerikanische Außenminister in der UNO-Vollversammlung ins Licht der Weltöffentlichkeit hielt, um zu beweisen, was nicht stimmte, dass der Irak über Massenvernichtungswaffen verfüge und damit ein Angriffskrieg gegen Bagdad möglich wurde; oder die Geschichte von den toten Säuglingen aus den Brutkästen Kuweits, dargeboten von einer schauspielernden Diplomatentochter, die sich als Krankenschwester ausgab usw. – all diese Finten der Propagandaabteilungen vermochten nicht, die pazifistische Utopie aus den westlichen Gesellschaften zu verbannen. Der Krieg konnte die Welt noch nicht ganz erobern. Er war regionalisiert, und es begannen sich Zweifel breit zu machen über die westliche Hegemonie. Das Bewusstsein der ökologischen Katastrophe radikalisierte diese Erkenntnis und forderte die Strategen des Neoliberalismus heraus. Und zu deren Projekt gehört der Krieg, wie so oft. Durch ihn werden geostrategische und ökonomische Fakten geschaffen. Nach dem Ende des Warschauer Paktes fehlte der NATO eine akzeptable Funktion. Und hier nun wird das neue Schlachtfeld eröffnet: *kognitive Kriegsführung* (Tögel 2023). Ein kultureller Kampf, der an allen Fronten und mit allen verfügbaren Mitteln geführt werden muss. Neurowissenschaft, Psychologie, Philosophie und Soziologie. *Je stärker das Vertrauen der eigenen Bürger in die westliche Weltsicht und Kultur ist, umso stärker ist auch die Position der NATO, als Verteidiger dieser westlichen Werte, und genau darum wird im Cognitive Warfare als kulturelle Manipulation gekämpft.* (Tögel 2023: 151)

---

[7] Auslöser des Ersten Weltkrieges.

[8] Beginn des Zweiten Weltkriegs, Überfall der Wehrmacht auf Polen.

[9] Eintritt der USA in den Vietnamkrieg.

Die Diskreditierung und Aufspaltung der Friedenbewegung seit dem Angriff Russlands auf die Ukraine kann als Meisterleistung der transatlantischen Think Tanks gelten. Auf der Friedensdemonstration in Berlin suchten die Fernsehteams aufgeregt nach Rechtsextremen, Reichsbürgern, AfD-Leuten. Schon im Vorfeld fühlten sich einige bedrängt, sie ließen sich womöglich vor den Karren von Extremisten spannen und distanzierten sich. *So lassen sich von den neoliberalen Konsensparteien rechtsextreme Haltungen als Mittel der Angsterzeugung nutzen, um eine linke Fundamentalopposition zum neoliberalen Programm zu diffamieren* (Mausfeld 2018: 208). Der Feldzug des Krieges gegen den Frieden ging in die nächste Etappe. Selbst gegen die Toten wird er nun geführt. Wir erfahren vom Leid der befreiten israelischen Geiseln im Nahost-Krieg; Details werden uns zu Recht zugemutet, und wir leiden mit ihnen und wenden uns ab von der Brutalität ihre Entführer. Aber die ungezählten toten Kinder aus Gaza finden nicht mehr in unsere Schlagzeilen, und den Demonstranten gegen diesen Krieg wird von der Polizei verboten *Stoppt das Morden* zu rufen. Erschlagen und vergessen. So geht man im Krieg mit Feinden um.

Der Krieg trägt stolz sein neues Kostüm: Schutz vor dem Bösen. *Aber die künstliche Religion ermutigt zu allen in Gemeinschaft begangenen Grausamkeiten wie Verschwörungen, Aufständen, Raubzügen, hinterhältigen Überfällen, Überraschungsangriffen auf Städte, Plünderungen, Morden. Jeder zieht unter dem Banner seines Heiligen frohgemut aus, um Verbrechen zu begehen. Man bezahlt überall eine gewisse Zahl von Rednern, um diese Mordtage feierlich zu begehen* – wusste schon der alte Voltaire (1984: 100).

Dass unsere Freiheit immer nur an fremden Orten verteidigt wird und kaum im Inneren des Landes, sollte uns zu denken geben. Mal liegt sie am *Hindukusch*, mal auf dem *Maidan von Kiew*, in *Jerusalem, Bagdad, Teheran,* immer dort, wo die imperialen Interessen durchgesetzt werden sollen.

2

Das Volk, der große Lümmel mit seiner *negativen Einstellung*, wie Bertolt Brecht meinte, kann aber noch nicht ganz vernachlässigt werden, wenn es um die Geschichte der Welt geht. Der Bundeskanzler mag befugt sein, unliebsame Demonstranten mit ihrer Forderung nach Verhandlungen statt Waffenlieferungen als *gefallene Engel in der Hölle* zu beschimpfen, aber diese Gefühlswallungen des ansonsten äußerst nüchternen Hanseaten verweisen nur auf die Not, in der er sich befindet. Er muss für gute Stimmung sorgen – und sie will partout nicht aufkommen. *Der Krieg auf dem Schlachtfeld kann nur dann weitergeführt werden, wenn die Zustimmung für ihn unter den Bevölkerungen aller beteiligten Nationen nicht abnimmt.* (Tögel 2023: 191) Die Antwort von Olaf Scholz auf die Frage, ob er sicher sei, dass von israelischer Seite im Gazastreifen keinerlei Kriegsverbrechen verübt werden, ist entwaffnend – da Netanjahu ja ein demokratisch gewählter Präsident sei, könne man sicher sein, dass die Bedingungen der Menschlichkeit eingehalten würden. Hier wird die Demokratie zum Erleuchtungspunkt des Weltgeistes. Hieß es früher im Stalinismus *Die Partei, die Partei, die hat immer recht*, so übernimmt in der Gegenwart eine gesellschaftliche Organisationsform per se diesen Sinn. Ist dies nicht die Erosion von Demokratie? Entpolitisierung? Missbrauch? Eine allgemeine Entpolitisierung geht mit den Krisen einher. Entpolitisierung der Politik. Entpolitisierung der Demokratie. Ein General hält nicht viel von demokratischen Diskursen. Er will, dass seine Befehle ausgeführt werden. Lösungsansätze konzentrieren sich in letzter Zeit durchweg auf technische, maschinelle und digitale Varianten. Entpolitisierung der Klimakrise. Sie wird auf technologischer Ebene befestigt und aller Eigentums- und Verteilungsfragen beraubt, erhält im globalisierten Weltraum nationale Züge und wird zur Zuchtmeisterin gegen die Utopie der Freiheit. Gleichzeitig werden ihre Ursachen von der Industrie auf die Bauern verlagert, von den Produzenten auf die Konsumenten, die moralisch unter Druck gesetzt werden, Fleischesser, Autofahrer, auf bezahlbare Wärme Angewiesene. Feinde auch sie. Hegels Idee von der *Einsicht in die*

Notwendigkeiten wird dringend gebraucht und nicht mehr Rosa Luxemburgs Aphorismus von der *Freiheit der Andersdenkenden*. Das, was die Gesellschaft nicht mehr zu lösen imstande ist, sollen Maschinen vollbringen; immer mehr selbstlernende Maschinen werden gegen die Krisen in Stellung gebracht, statt nach Ursachen zu suchen und Wegen aus den Krisen. So wie die globale ökologische Krise als eine technische begriffen wird und nicht als eine soziale und politische, so auch sollen die Interessenkonflikte der Staaten und Bündnisse mittels Panzer, Raketen, Drohnen und Mordgeräten gelöst werden. Das Vertrauen in menschliche Fähigkeiten zum Austausch, zum Dialog schwindet in den politischen Entscheidungsebenen. Der Monolog triumphiert. Krieg ist ein äußerst strenger Monolog, der jede Widerrede mit dem Tod bedroht. Gesellschaften, in denen die dialogische Kultur verkümmert, in denen der Monolog der Macht und der Mächtigen dominiert, werden undurchlässig nicht nur für exzentrische Erfahrungen. Diese Gesellschaften geben in ihrem Kern die demokratischen Grundsätze auf. Neoliberalismus braucht keine Demokratie. Ziel ist Erfolg, ökonomische Effizienz, der sich die Gesellschaft (wie die Natur) unterzuordnen hat.

3

Das Maschinelle, Mechanische wird auch in der Sprache verankert. Floskeln, Bekenntnisse, syntaktische Drogen, die uns klar machen sollen, dass z.B. die Ungleichheit der Geschlechter abgeschafft wird mittels Sternchen … – das Rituelle der Sprache verweist auf gesellschaftliche Rituale und erzeugt durch den Zwang zur Wiederholung gnoseologische Veränderungen. *Der Grundgedanke, dass Dinge, die ständig wiederholt und miteinander verbunden werden, sich auch in den Köpfen der Menschen ganz unbewusst verbinden, ist eine wichtige und bis heute bedeutsame Erkenntnis der behavioristischen Psychologie. […] klassisches Konditionieren.* (Tögel 2023: 47) Ein Dialog findet nicht statt. Das Rituelle ist keine Erwiderung auf eine Frage oder einen Bericht. Wie im Gebet, in der Meditation wird das Denken unterbunden, um im Rituellen das alltägliche Bezugssystem kurzzeitig verlassen zu können. Im Theater sind die Augenblicke des Nicht-Denkens wichtig – für das Denken! Jeder Clown weiß, dass der Mensch, wenn er lacht, nicht denken kann. Diesen Zeitvorsprung nutzt er, um dem Zuschauer einen Schritt voraus sein zu können, damit sie folgen. Er denkt, während die anderen lachen und kann seinen nächsten Scherz vorbereiten. Gilt das auch für den gesellschaftlichen Diskurs?

Es gab im Nachhall der Wende von 1989 nur Zutritt zu öffentlichen Diskursräumen, wenn das Wort *Unrechtsregime* zur Definition der untergegangenen DDR benutzt wurde. Ein *Sesam öffne dich* für die Ali Babas des Ostens. Zu Zeiten der Coronaepidemie wurden ebenfalls Bekenntnisse in großem Maße abverlangt: Systemrelevant, *Risikogruppe, Kernfamilie* … Die Militarisierung der Sprache in Krisenzeiten lässt keinen Dialog zu. Die Gegenseiten*: Impfgegner-Impfbefürworter* können nicht mehr miteinander reden. Zu fragen, was ein wiederholt eingefordertes Bekenntnis zur *freiheitlich demokratischen Grundordnung* bezweckt oder was es bewirken soll, bekommt schnell einen obszönen Anstrich. Was erreicht eine Ehefrau, die ihrem Mann täglich das Gelübde abverlangt, er müsse laut und deutlich sagen: Ich liebe dich? Treue-Schwüre als meditative Synchronisation, wie das OHM der Buddhisten? Was geht in den Köpfen der Tagesschau-Redakteure vor, wenn sie im Bericht über eine Friedensdemonstration von der *selbsternannten* Friedensbewegung sprechen? Wer hat hier wen benannt? Was bedeutet dieses *selbsternannt*? Dass sie eigentlich keine echte Friedensbewegung ist? Auch die geforderte Formulierung: *völkerrechtswidriger Angriffskrieg* hat einen Mantra-Sound. Geht es nicht vielleicht darum, Geschichte und Vorgeschichte zu verschleiern, wenn im Lichte des Überfalls Russlands auf die Ukraine alle anderen Kriege marginalisiert werden? Schwüre werden abverlangt, um im gesellschaftlichen Diskursraum dabei sein zu dürfen. *Die öffentliche Meinung* überprüft das! Gnadenlos! Jeder Reflex sitzt. Seit der Erfindung des Internets ist sie um einiges effizienter darin, Politik zu beeinflussen. Napoleon III. musste damals noch die grölende Volksmenge mit Wein und Wurst aufpäppeln, damit sie betrunken die Boulevards durchstreifte und den braven Bürgern Angst machte, auf dass sie mit jeder Einschränkung der Demokratie (zur Rettung der Demokratie) einverstanden war. Die öffentliche Meinung als Instrument, auf dem die Herrschenden ihre Melodie fiedeln. Die Verhinderung der dialogischen Kultur, jene Form des Austausches, die zu den Notwendigkeiten der menschlichen Gattung gehört, geschieht aus Machtinteresse. Die Tradition der Aufklärung mit ihrem universalen Menschenbild basiert auf dem dialogischen Prinzip. Eine Notwendigkeit, wenn sich demokratische Formen in der Gesellschaft solide manifestieren sollen. Nicht nur unter Musikern sind jene, die genau zuhören können, die kostbarsten, die besten. Zuhören kann man aber nur, wenn es eine Meinung, eine Ansicht, eine Erfahrung zu beurteilen gibt. Bei Bekenntnisformeln schalten unsere Ohren auf Durchzug. Eine Gesellschaft braucht auch Zuhörer, die ein Gemeinwesen lebendig machen, durchlässig für Fragen. Dialog heißt eben auch: Mit den Feinden sprechen! Ein Prinzip, das Antje Vollmer konsequent gelebt hat. Im Sinne des alten Euripides: Die Demokratie besteht aus diesen einfachen Worten: *Wer vermag dem Vaterland einen nützlichen Ratschlag zu geben?*

4

Gleich neben der sprachlichen Verkehrsordnung stehen die Verbotsschilder; Regionen, zu denen der Zutritt untersagt ist. Es sind dies keine Denk- oder Sprechverbote von staatlichen Institutionen oder einer Zensurbehörde verordnet. Solcherart Ordnungsmacht ist nicht mehr vonnöten. Das Heer der Journalisten, Pressesprecher und Moderatoren reicht dafür, die *öffentliche Meinung*, dieses gefährliche Tier, zu dressieren und zu kultivieren. *Dabei scheinen sie bisweilen geradezu darum zu wetteifern durch die großzügige Verwendung staatlich anerkannten Diffamierungsvokabulars – besonders beliebt sind Wörter wie »Verschwörungstheoretiker«, »Querfront« und, als sozusagen nukleare Option, die Verwendung des Ausdrucks »Antisemit« als Diffamierungsattribut – den Mächtigen zu demonstrieren, dass sie deren Erwartungen zuverlässig zu erfüllen bereit sind und die herrschende Ideologie zutiefst verinnerlicht haben.* (Mausfeld 2018: 206) Die Technik ihrer Manipulation ist nicht Lüge oder Verdrehung, ihre Technik ist das Verschweigen, Ausklammern, Marginalisieren. Auch über Tabu-Bereiche des öffentlichen Diskurses gibt es keine Diskussion, keinen Dialog. Denkverbote sind kategorisch. Wer das Stigma eines ideologischen Fehltritts zugeteilt bekommen hat, der gehört nicht mehr dazu. Argumente gelten nichts. Das Bonmot des Bundeskanzlers – *Demokratie und Freiheit ist, dass man sagen kann, dass man seine Meinung nicht sagen kann*[10] – trägt doch ein gehöriges Stück Unlogik in sich; denn, dass man sagen kann, dass man seine Meinung *nicht* sagen kann, schließt ja nicht ein, dass man keine Meinung hätte, die man sagen könnte (und vielleicht auch wollte). Zensur findet nicht statt. Wohl wahr! Aber Meinungsselektion findet statt. Nicht aus dem Zentrum der Macht werden die Forderungen danach laut, sondern aus der Peripherie. Aus *Pazifisten* werden *Lumpenpazifisten,* und ihnen wird Weltfremdheit vorgeworfen. Sie seien die fünfte Kolonne des russischen Präsidenten Putin oder wer gerade als offizieller Feind gilt. Das Attribut *Pazifist* reicht, um nicht mehr ernst genommen zu werden. Aber Pazifist sein heißt ja nicht, sich den Widersprüchen, die auf Kollision und Kampf hintreiben, auszuweichen oder sich feige zu verstecken. Pazifismus heißt, dass die Kämpfe, die anstehen, ohne Tötungsmaschine des Militärs vonstattengehen sollen, dass sie Dispute und keine Duelle sind. Doch so weit gehen die Auseinandersetzungen um diesen Begriff in der deutschen Öffentlichkeit nicht mehr. Die Sperrworte reichen aus. Das Urteil wird gefällt und nicht gesprochen. Nehmen wir das Wort *Putin-Versteher* (erstaunlicherweise ist davon keine weibliche Form im Gebrauch!). Dieses Wort ist fast mit Vaterlandsverräter gleichzusetzen. Wem es zugewiesen wird, der kann kein Bundeskanzler mehr werden (Selbst, wenn er einmal einer war!). Überall diese kleinen, gefährlichen abgesperrten Gebiete. *Altkommunist. Impfgegner. Verschwörungstheoretiker.* Die Funktion solcher Beschreibungen sind klar, eine Solidarisierung mit den kritischen Geistern soll ver-

---

[10] Olaf Scholz bei einer Wahlkampfrede in München 2023.

hindert werden. *»Wenn Menschen präventiv darauf aufmerksam gemacht werden, dass sie in die Irre geführt werden könnten, können sie eine Widerstandsfähigkeit gegenüber konspirativen Botschaften entwickeln«, fasst das »Handbuch Verschwörungstheorien« diesen Bestätigungsfehler zusammen.* (Tögel 2023: 94) Gegen Überforderung unserer kognitiven Fähigkeiten mit nicht mehr zu verarbeitenden Informationen nehmen wir gern Selektionsvorschläge an. Das Internet zwingt uns zur Selektion; intellektuelle Verstopfung hat die Intelligenz befallen. Wir verlassen uns gern auf die Meinung von *Experten,* die uns vor Falschem warnen. Die Gesellschaft beginnt, sich im Labyrinth von Verboten und Geboten zu verirren. Die einzelnen Gruppen finden nicht mehr zueinander. Das wirkmächtigste Stigma der Gegenwart aber ist, als *Antisemit* bezeichnet zu werden. Es ist der neuralgische Punkt. Statt Verschleuderung wäre Vorsicht geboten, da es tatsächlich einen latenten Antisemitismus in der Gesellschaft in fast allen Bereichen gibt. Eine historische Tradition der westlichen Welt. Nun wird dieser Antisemitismus unsichtbar. Doch… *eignet sich der Begriff »Antisemit« gerade wegen seines Bezugs auf einen schweren Zivilisationsbruch in besonderer Weise für Diffamierungszwecke, da sich mit ihm in politischen Auseinandersetzungen unliebste Kritiker, auch wenn sie keine antisemitischen Ressentiments hegen, in höchst effizienter und gleichsam argumentloser Weise stigmatisieren und somit ächten lassen.* (Mausfeld 2018: 228) Aufzuzählen, wer mit diesem Attribut belegt wurde, würde den Rahmen dieses Textes sprengen. Die Absetzung der künstlerischen Spielwiese der Bundesrepublik, der Ausstellung DOCUMENTA ist nichts weiter als eine Variation der *Cancel Culture* mit den Mitteln dieser Ausgrenzung. Gegenwart als Höhe- und Endpunkt, als Ziel der Kulturentwicklung. Subtile und brachiale Vernichtung von Geschichte und des Andersdenkens, das zur Auseinandersetzung zwingt.

In all dem spielen die großen Leitmedien eine nicht zu unterschätzende Rolle. Dass der letzte Text von Antje Vollmer *Was ich noch zu sagen hätte* von der Zeitschrift *Die Zeit* abgelehnt wurde, spricht für sich, ebenso wie die Diffamierung und zum Teil Kriminalisierung alternativer Medien wie der *NachDenkSeiten*. Die Tragödie um die schamvolle Überreichung des Hannah-Arendt-Preises an Masha Gessen bildet dabei einen besonders traurigen Höhepunkt. Wegen eines Essays im *New Yorker*, der nicht der Sprachregelung der deutschen Regierung entsprach, distanzierten sich die Stadt Bremen und die Heinrich-Böll-Stiftung von der Preisverleihung. Nur keinen Fehler machen in diesen angespannten Zeiten! Die Gesellschaft zerfällt auch geräuschlos. Teile und herrsche ist Bedingung für Kriege. Aber alles Verfemte gewinnt fast wie nebenbei an Attraktivität, wenn der Dialog zwischen den Gruppen im Lande nicht mehr funktioniert. Nicht nur der Aufschwung der AfD liefert dafür ein bitteres Beispiel. *Wenn man die Wahrnehmung der Menschen durch die einseitige Auswahl der Informationen so beeinflusst, dass kein Verständnis und keine Empathie für das Gegenüber mehr vorhanden sind, wird der Weg zum Frieden immer schwieriger. […] »der Bereich der Ablenkung ist einer der Hauptaspekte der kognitiven Kriegsführung […] Aufmerksamkeitsverschmutzung durch Ablenkung der Aufmerksamkeit […]«* (Tögel 2023: 97).

5

Nach den Schrecken des Zweiten Weltkrieges setzten die Sowjetunion und ihre Verbündeten auf *Frieden* als konstituierendes Ziel. Die amerikanische Seite, schon auf die Bedingungen des Kalten Krieges eingehend, formulierte als zentralen Gegenbegriff gegen den Sozialismus den der *Freiheit*. 1951, angesichts der beginnenden Aufrüstung in der Bundesrepublik forderte Bertolt Brecht in einem offenen Brief *völlige Freiheit des Buches, des Theaters, der bildenden Kunst, der Musik und des Films – jeweils mit einer Einschränkung: Keine Freiheit für Schriften und Kunstwerke, welche den Krieg verherrlichen oder als unvermeidbar hinstellen und für solche, welche den Völkerhass fördern.* Im gleichen Text fragt Brecht: *Werden wir Krieg haben? Die Antwort: wenn wir zum Krieg rüsten, werden wir Krieg haben. Werden Deutsche auf Deutsche schießen? Die Antwort: wenn sie nicht miteinander sprechen, werden sie aufeinander schießen.* (Brecht 1951: 7–8)

Den Krieg können wir nur verlernen, wenn wir Verhältnisse und Bedingungen analysieren, die ihn ermöglichen und bedingen. Die Welt muss für uns erkennbar bleiben, damit wir zu jenen Erkenntnissen gelangen, die uns ein friedliches Miteinander auf diesem bedrohten Planeten ermöglichen. Das, was uns bedrängt, was uns verunsichert und sprachlos macht, was uns manipuliert, missbraucht oder moralisch zwingt, still zu halten, müssen wir, so mühsam es sein mag, offenlegen. Die Königstochter im Märchen vom Rumpelstilzchen konnte erst dann die Macht des Bösen bezwingen, als sie dessen Namen wusste. Diese vielfach medial aufgefächerte Welt macht uns dies nicht einfach. Aber ohne diese Mühe werden wir verlieren.

Literatur

Brecht, Bertolt (1951): Offener Brief an die deutschen Künstler und Schriftsteller, in: Schwarz, Georg/Tralow, Johannes (Hrsg.), Worte wider Waffen. Dichter für den Frieden. Maler gegen den Krieg. München, S. 7–8.

Brecht, Bertolt (1969): Richtigstellung, in: Gedichte. Berlin/Weimar, S. 116.

Brecht, Bertolt (1978): Lesebuch für Städtebewohner, in: Gedichte. Berlin/Weimar, S. 159–171.

Kraus, Karl (1977): Kriegsmüde, in: Ausgewählte Werke, Bd. 2, 1914–1925. Berlin, S. 148.

Mausfeld, Rainer (2018): Warum schweigen die Lämmer? Wie Elitendemokratie und Neoliberalismus unsere Gesellschaft und unsere Lebensgrundlagen zerstören. Frankfurt a.M.

Tögel, Jonas (2023): Kognitive Kriegsführung: Neueste Manipulationstechniken als Waffengattung der NATO. Frankfurt a.M.

Voltaire (1984): Philosophisches Wörterbuch. Leipzig.

Dieter Klein

Moral am Kipppunkt

»Welche Ideale prägen uns? Welche Irrtümer und Verbrechen?« Mit diesen Fragen in ihrem »Vermächtnis einer Pazifistin« gab uns Antje Vollmer vor, die moralischen Grundlagen unseres Handelns in Zeiten innergesellschaftlicher Turbulenzen und großer Gefahren für die Menschheit zu überprüfen.

Eine Große Transformation, die die Menschheit vor dem ökologischen Suizid rettet, die eine radikale Abkehr von Kriegen vollzieht, den Hunger in der Welt überwindet und die Erosion der Demokratie beendet, bedarf einer erneuerten Moral. Menschlichkeit allen Handelns sollte ihr Kern und Maßstab sein.

Zur Hybris des Westens, die Antje Vollmer vehement zurückwies, gehört der Anspruch westlicher Führungskreise, ihre Demokratien wären bereits der wahre Hort moralischer Werte. Der russische Angriffskrieg gegen die Ukraine wird genutzt, um den Widerstand der Ukrainer zum Kampf für Freiheit und Demokratie gegen Knechtschaft und Autokratie zu stilisieren. Auf solche Weise wird verdeckt, dass die Wortführer im herrschenden Diskurs längst dabei sind, den ursprünglichen humanistischen Sinngehalt der Moral zu entsorgen. Der Umgang mit zwei Gefahren des Jahrhunderts, mit dem die Umwelt zerstörenden Wachstum und mit dem Krieg, verdeutlichen dies.

Entleerte Moral

Den meisten Menschen gilt Wachstum als entscheidende Bedingung für Wohlstand – selbst um den Preis von Egoismus, Rücksichtslosigkeit und Intoleranz, aber auch von eigenen Existenzängsten. Lange Zeit führte das Wachstum in der Tat für große Teile der Bevölkerung in den reichen Ländern zu mehr Wohlstand und ist heute in den ärmeren Ländern unverzichtbar für die Überwindung der Armut. Aber längst ist es in die Vernichtung der Naturgrundlagen des Lebens umgeschlagen. Zum normalen

Habitus ist geworden, sich »selbst zu vermarkten«, sich »gut zu verkaufen«, um sich in der Konkurrenz zu behaupten. Als Erfordernis jenes Wachstums, das zu Expansion auch in Gestalt von Kriegen tendiert und die Natur zerstört. Der Kapitalismus hat den Markt als Bezugssystem in den Individuen selbst verankert – unter Verkehrung mitmenschlicher Moral in das Gegenteil. Michel Foucault bezeichnete die Verbindung herrschaftlichen Regierens von oben mit der Selbstregulierung der Individuen nach verinnerlichten Normen als Gouvernementalität.

Eine ähnlich entleerte Moral wie in innergesellschaftlichen Zusammenhängen liegt dem herrschenden außen- und sicherheitspolitischen Diskurs zu Grunde. Die westlichen Machteliten streben mit ihrer »wertegeleiteten Außen- und Sicherheitspolitik« eine »regelbasierte Weltordnung« an. Putin beruft sich ebenfalls auf Werte, auf das Konzept der »Heiligen Rus«. Die »Russki Mir« müsse ihre kulturellen Wurzeln und Werte gegen den dekadenten Westen bewahren. Von allen Seiten wird die Moral zur Rechtfertigung des eigenen Handelns angerufen.

Der Kongress der Vereinigten Staaten leistete sich allerdings eine seltene Klarstellung. Er charakterisierte die »regelbasierte Weltordnung« als eine »um die USA zentrierte Welt, deren Alliierte sowie Partner, um deren gemeinsame Werte und Interessen durchzusetzen, freie, offene, demokratische, inklusive, regelbasierte, stabile sowie vielfältige Regionen zu erhalten und zu fördern« (Committee Report, U.S. Congress 2021). Werden die schmückenden Beiworte des U.S.-Government Publishing Office beiseitegelassen, so bleibt: »um die USA zentriert«, »um deren Interessen durchzusetzen«. Das ist der wahre Inhalt der Moral, die diese Ordnung für sich in Anspruch nimmt. Selbst Kriege kommen im moralischen Gewand der »Schutzverantwortung« und notfalls als »humanitäre Interventionen« daher.

Sorgsam zu unterscheiden ist zwischen den unschätzbaren Zivilisationsgewinnen der Demokratie in modernen Gesellschaften – Meinungs- und Organisationsfreiheit, Pluralismus, Rechtsstaatlichkeit, individuelle Freiräume und Vielfalt der Lebensformen – und der Nutzung der Demokratie als Herrschaftsform der

Machteliten. Natürlich ist jede Form und Errungenschaft realer Demokratie gegen Konkurrenzinteressen großer Konzerne, gegen Rechtsextremismus und Rechtspopulismus, Rassismus und Antisemitismus zu verteidigen. Natürlich schließt das die Verteidigung gegen Angriffe äußerer Mächte wie im Fall der Ukraine ein.

Moral als Element psychologischer Kriegsführung

Aber die gegenwärtige geistig-politische Atmosphäre ist mit Feindbildern, Hass, Ausgrenzungen, Verweigerung von differenzierendem Denken, Verdrängung rationaler Argumente, Polarisierung, Verdächtigung von Versöhnungsbereitschaft als Verrat am Eigenen und Verschwörungstheorien aufgeheizt. Darunter erodiert die Demokratie. Ein Nährboden dafür sind die verbreitete Verunsicherung im Gefolge der Vielzahl von Krisen und die Komplexität nur schwer durchschaubarer Zusammenhänge. Aber in diesem antihumanen Wandel steckt mehr, auch eine Strategie der Herrschenden nämlich. Das ist die »Kognitive Kriegsführung«, die eine entleerte und verkehrte Moral in das Instrumentarium der »Kriegsertüchtigung« integriert – jüngst ausführlich analysiert von Jonas Tögel (Tögel 2023). Just in einer historischen Situation, deren Bewältigung dringlicher als seit Jahrzehnten humanitärer Maße des Handelns bedarf, ruft die NATO die Einverleibung der Moral in die Kriegsführung aus.

Am 21. Juni 2021 wurde auf einem NATO-Symposium zur Weiterführung des Cognitive Warfare die »Human Domaine«, die menschliche Sphäre, als qualitativ neuer sechster Kriegsschauplatz neben dem Krieg am Boden, zu Wasser und in der Luft, im Weltraum und im Cyberspace definiert. Dort wird Krieg um das Bewusstsein, das Unterbewusstsein, die Psyche und die gesamte Gefühlswelt von Individuen und Massen geführt. Dort geht es um die Haltung des ganzen Menschen, um seine Lenkung im Interesse der jeweiligen Kriegspartei, um das Weltbild der einzelnen und ganzer Gesellschaften. Für diese psychologische Kriegsführung werden alle Mittel der Informations- und Kommunikationstechnik, des Internet, Künstlicher Intelligenz und die Datenmonopole und Lenkungspotenziale der IT-Konzerne mobilisiert.

Umso größeres Gewicht für die großen und kleinen Entscheidungen unserer Zeit gewinnt als Gegenpol, alle Elemente humanistischer Moral in den öffentlichen geistigen Auseinandersetzungen zu stärken und praktischen Entscheidungen demokratischer Akteure erkennbar zugrunde zu legen: »dass der Mensch das höchste Wesen für den Menschen« sei (Marx), dass die Menschenwürde oberstes Moralprinzip sei (Kant), Respekt vor dem Leben ein Grundwert ebenso wie der Erhalt der Natur, freie Persönlichkeitsentfaltung jeder und jedes einzelnen, Solidarität, Anerkennung, Empathie, Toleranz, Kompromissbereitschaft, Achtung des rationalen Arguments, Bereitschaft zu Selbstkorrektur.

Keine Ankunft in der schönen neuen Wertewelt

Während der grundgefährliche Missbrauch der Moral für die psychologische Kriegsführung desorientierend in der Gesellschaft wirkt, wird in den Chefetagen des Big Business, von den Parteien des bürgerlichen Lagers, in der Mehrheit der Medien bis zu linksliberalen Intellektuellen der Eindruck genährt, dass eine neue sozial-ökologische und friedensoffene Vernunft bereits dabei sei, das Handeln der ökonomischen und politischen Elite im Westen zu bestimmen. Die Machteliten agieren doppelgleisig. Ob im Vormarsch von E-Mobilen, in der »Nationalen Wasserstoffstrategie« oder in Gestalt der »Industriepolitik 2030« – allerorten setze sich Vernunft durch, wenn auch begleitet von Parteiengezänk. Eine »moralische Revolution« als Kern einer Großen Transformation, getragen von den ökonomisch Mächtigen und den Spitzen der politischen Klasse, von Managerinnen und Managern, sei schon so weit fortgeschritten, dass größere Brüche in den Grundstrukturen der Gesellschaft nicht mehr erforderlich seien. Daher ist zum Beispiel selbst bei einem so progressiven Vertreter sozial-ökologischen Wandels wie dem langjährigen Präsidenten des Wuppertal Instituts, Uwe Schneidewind, zu lesen: »Der Weg ist evolutionär und nicht revolutionär.« (Schneidewind 2018: 104)

Doch der Krieg in der Ukraine, das Gemetzel zwischen israelischer Armee und Hamas und andere Kriege, anhaltende Umweltkrisen, der Hunger in der Welt und die Ausbreitung antihumaner Ideologien sind Signale dafür, dass wir uns an einem Kipppunkt zwischen Aufstieg oder Abstieg menschlicher Zivilisation befinden. Zurückliegende und in der Zukunft drohende Katastrophen bergen den Imperativ, eine der Menschlichkeit verpflichtete Moral künftig erst durchsetzen zu müssen.

Die Tiefe der für das Überleben notwendigen gesellschaftlichen Brüche erfordert gewiss einen dem bonum humanum verpflichteten Wertewandel in der kulturell-geistigen Sphäre der Gesellschaft. Dieser Wertewandel betrifft das rationale Denken, aber ebenso die Verinnerlichung dem Leben verpflichteter moralischer Werte durch die Einzelnen. Der Kältestrom nüchternen rationalen Denkens wird mit dem Wärmestrom menschlicher Gefühle zu verbinden sein, bedachte Ernst Bloch. Ein derartiger moralischer Wandel wird jedoch gar nicht erst zustande kommen oder seine Ansätze werden letztlich folgenlos bleiben, wenn er nicht zu einschneidenden Brüchen in den Eigentums- und Herrschaftsverhältnissen führt.

Moral und Ökonomie

Die Auffassung, eine moralische Revolution sei der Kern der großen Gesellschaftstransformation, wirft entscheidende alte Fragen neu auf. Kann eine moralisch geläuterte Politik – die allerdings keineswegs in Sicht ist – ohne tiefe Brüche in den Eigentums- und Herrschaftsverhältnissen zu einer besseren solidarischen Gesellschaft führen? Oder wird ohne solche Brüche ein moralischer Wandel gar nicht erst zustande kommen, werden seine Ansätze bestenfalls zu unzureichenden Ergebnissen führen? Ist politische Gestaltung unter dem enormen Handlungsdruck ungelöster Menschheitsprobleme gegenwärtig zwar entschieden dringlicher geworden als noch vor kurzer Zeit – und deutet doch das globale Gefahrenniveau auf die in letzter Instanz nicht überschreitbaren Grenzen des kapitalistischen ökonomischen Systems hin? Dann gäbe es nur eine Chance: in den öffentlichen Meinungskämpfen einschneidend gewandelte moralische Maßstäbe durchzusetzen, um mit der Dominanz von privatmonopolistischem Kapitaleigentum und Profit überall dort politisch zu brechen, wo es um gravierende Weichenstellungen für die ganze Gesellschaft geht. Und überall dort, wo sozial gleiche Teilhabe aller an den Grundbedingungen freier Persönlichkeitsentfaltung unabhängig von ihrem Geldbeutel zu fordern ist: für Bildung, Gesundheit, Betreuung, Pflege, Wohnen, Kultur, Information, Mobilität, Wasser und Wärme. Dann würden die veränderten ökonomischen Grundstrukturen eine humanistische Moral stärken und diese wiederum eine menschengerechte Wirtschaft.

Keine progressive Transformation daher ohne neues Denken, kein Erfolg einer moralisch an Menschlichkeit orientierten Denkhaltung, wenn sie nicht zu größerem Gewicht alternativer Eigentums- und Machtstrukturen führt. Zum Gebot der Moral wird, das Übergewicht von Monopoleigentum und Profit durch die Dominanz von Menschlichkeit als Maß für Entscheidungen zu überwinden. Die »Zeitenwende« sollte eine moralische Wende werden, die sich bewährt, indem sie nicht vor einer ökonomischen, sozialen, ökologischen, friedensorientierten Transformation im Kapitalismus und über ihn hinaus zurückschreckt.

Doch der gesellschaftliche Diskurs verläuft zwischen zwei anderen Extremen. Die herrschenden Kräfte und ihnen folgend die Mehrheit der Bevölkerung in den westlichen Gesellschaften erwarten die Lösung der großen Probleme – wenn nicht von autoritären Herrschaftsformen – von gemäßigten Reformschritten im Rahmen des Kapitalismus und seiner Werte. Eine kleine Minderheit radikaler Linker fordert einen schnellen und umfassenden Bruch mit dem kapitalistischen System. Aber Reformen im Kapitalismus haben zwar zu früher unvorstellbaren Fortschritten der Zivilisation geführt, doch die großen Menschheitsprobleme des 21. Jahrhunderts sind ungelöst. Rückfälle in die Barbarei mehren sich. Der große revolutionäre Bruch mit den herrschenden Verhältnissen als zeitlich gebündelter Akt wird nicht kommen. Die Kräfteverhältnisse – sie sind nicht so. Vor allem aber, moderne Gesellschaften sind so hochkomplex, die Aufgaben auf dem Weg zu einer solidarischen Gesellschaft derart groß, dass der

Versuch zu ihrer schlagartigen Lösung wahrscheinlich zu Chaos und zum Verlust gesellschaftlichen Rückhalts in der Zivilgesellschaft führen würde. Schließlich zu versuchen, die Revolution mit autoritären Regierungsformen zu retten, führte also zum Gegenteil der hochgesteckten Ziele.

Der Ausweg aus beiden Sackgassen heißt Transformation als Kombination innersystemischer, progressiver, postneoliberaler Evolution mit Einstiegsprojekten in eine systemüberschreitende Große Transformation. Letztere hätte Erfolgsaussichten dann, wenn sie vorbereitet wäre durch die Selbstermächtigung der Vielen in erfolgreichen Teilprojekten der Verbesserung ihres eigenen Lebens, aber zugleich durch die Erfahrung, dass sie dabei immer wieder auf die Grenzen des Systems stoßen.

Ein merkwürdiges Defizit

Die linken Diskurse der letzten Jahrzehnte weisen allerdings ein merkwürdiges Defizit auf. Fast verschwunden ist dort der einst allgegenwärtige Begriff »ökonomische Gesetze«, die als objektive Handlungszwänge für die Wirtschaftssubjekte wirken – als ob es heute nur noch vernünftiger Entscheidungen bedürfe, um zu einer gerechteren friedlichen Gesellschaft zu kommen. Ein Moment der Ironie in der gesellschaftlichen Diskussion über Wege in die Zukunft besteht darin, dass eher die Wortführer des Neoliberalismus als die Linken ständig auf die Wirkung der Gesetze des Marktes verweisen. Sie berufen sich auf die Zwänge der Konkurrenz, vor allem im Verlauf der Globalisierung. Sie stellen die Märkte dar, als seien sie eine Art personifizierte Überwesen, die auf politische Entscheidungen – zum Beispiel zur Kürzung von Sozialleistungen und zur Senkung von Unternehmenssteuern – »wohlwollend reagieren« oder die andere Entscheidungen – beispielsweise staatliche Umweltauflagen – »enttäuscht aufnehmen« und staatliche Zurückhaltung gebieten.

Tatsächlich wird das Handeln in kapitalistischen Gesellschaften noch immer weitgehend von ökonomischen Kategorien bestimmt. Profit und Lohn, Preis und Zins, Steuern und Beiträge, Mieten und Pacht lenken unter der Hand das Alltagsverhalten.

Diese Kategorien vermitteln Handlungszwänge, die aus dem privaten Kapitaleigentum, aus daraus entspringender Konkurrenz und dem Zwang zur Kapitalakkumulation resultieren. Subjektiv durchaus moralische Neigungen nicht weniger Unternehmer, Politikerinnen und Politiker bleiben unter den Zwängen der monopoldominierten Marktkonkurrenz auf der Strecke.

Vor 1989, als die Wohngemeinnützigkeit in der Bundesrepublik wie auch in anderen Ländern abgeschafft wurde, gab es noch eine gewisse soziale Verpflichtung der Hauseigentümer. Inzwischen wird das Geschehen auf dem Wohnungsmarkt von den großen Wohnungskonzernen bestimmt. Für sie sind Wohnungen nicht elementare Lebensbedingungen der Mieterinnen und Mieter, sondern Kapitalanlagen, die auf den Finanzmärkten Renditen abwerfen müssen. Der Wohnungsmarkt signalisiert ihnen, dass sie mit Wohnungen für die Wohlhabenden und Reichen, mit Gentrifizierung von Stadtvierteln und Luxuswohnungen weit bessere Geschäfte als mit sozialem Wohnungsbau machen können. Der Automarkt hat die Konzerne wissen lassen, dass sie mit schweren Luxuslimousinen und SUVs höhere Profite als etwa mit ihrem Umbau zu Mobilitätsunternehmen und einem für alle bezahlbaren öffentlichen Nahverkehr realisieren können. Der Gesundheitsmarkt ordnet die Gesundheit der Patienten dem Rentabilitätsdenken in der Pharmaindustrie und in den Krankenhäusern unter. Die Konkurrenz um höchstmögliche Profite stachelt die Öl-, Gas- und Rohstoffkonzerne an, selbst die Tiefseeböden und die arktische Naturgleichgewichte zu zerstören.

Also doch kaum Chancen für eine dem Humanen verpflichtete Moral gegenüber den Gesetzen der Ökonomie? Die Antwort liegt in einem undogmatischen Verständnis des Wirkens der ökonomischen Gesetze des Kapitalismus. Aber geraten wir hier vielleicht in einen zu abstrakten Theoriediskurs? Wohl nicht, denn das Verhältnis von ökonomischen Gesetzen und Moral auszuloten, hat praktische Bedeutung: Sind wir schicksalhaft ökonomischen Zwängen unterworfen, dem Lohndruck etwa, der Minimierung der Kindergrundsicherung und der Schuldenbremse? Das suggerieren uns FDP und CDU. Oder haben wir trotz ökonomischer Handlungszwänge Handlungsräume etwa für Klimaschutz, sozialen Wohnungsbau und vor Armut schützende Renten? Wir müssen doch die Überwindung der systemischen Grenzen dafür mitbedenken.

Objektive Zwänge – subjektive Handlungsräume

Bei gegebenen kapitalistischen Eigentumsverhältnissen, die die Unternehmen als Konkurrenten um höchstmöglichen Profit voneinander trennen, sind ökonomische Gesetze für Unternehmen objektive Handlungszwänge. Für die Lohnabhängigen und andere Schichten in prekären Lagen sind sie Zwänge, gegen die sie sich wehren müssen. Ökonomische Gesetze setzen sich also nicht anders als durch das Handeln von Menschen, von Klassen und sozialen Gruppen durch. Verhältnisse entstehen durch Verhalten. Und die Beteiligten und Betroffenen haben unterschiedliche Interessen. Ökonomische Gesetze wirken daher immer als Tendenzen mit Gegentendenzen. Sie schließen das Wirken von Widersprüchen ein. Als Marx die Bewegung der Profitrate analysierte, schrieb er: »Die Fixierung ihres faktischen Grades erfolgt nur im unaufhörlichen Ringen zwischen Kapital und Arbeit […] die Frage löst sich auf in die Frage nach dem Kräfteverhältnis der Kämpfenden.« (Marx 1962: 149)

Das heißt: Ökonomische Gesetze haben objektiven Charakter, sie zwingen die Akteure zu einem bestimmten Handeln. Aber zugleich steckt in den ökonomischen Gesetzen ein starkes subjektives Element, weil sie nur im Agieren lebendiger Menschen existieren, nicht außerhalb davon. In den ökonomischen Gesetzen wirkt stets der Widerspruch zwischen objektivem Richtungszwang für die Handelnden und deren subjektivem Verhalten, das diese Zwänge zur Geltung bringen, sie modifizieren und ihnen auch Grenzen setzen kann.

Das führt zurück zu der Frage nach der Rolle, die moralische Werte und Normen in den Kämpfen der Gegenwart gewinnen können. Unter der kategorischen Voraussetzung einer Veränderung der Kräfteverhältnisse zugunsten kapitalismuskritischer und antikapitalistischer demokratischer Akteure ist noch im Rahmen des Kapitalismus auf merkliche Fortschritte einer friedensorientierten sozial-ökologischen Transformation zu hoffen. Breite Bündnisse aller humanistischen Kräfte bis weit hinein in problembewusste Fraktionen der Herrschenden wären möglich.

Diese Möglichkeit ist nicht nur in dem widersprüchlichen Tendenzcharakter der ökonomischen Gesetze selbst begründet. Die verschiedenen nichtökonomischen Teilsysteme der Gesellschaft sind zwar von ökonomischen Zwängen durchdrungen, funktionieren aber dennoch relativ selbstständig nach eigenen inneren Maßstäben. Im politischen System geht es um Machtgewinn oder Machtverlust. Der Staat stärkt die Macht des Kapitals, aber er ist zu Interessenkompromissen mit anderen Klassen und sozialen Kräften genötigt. Im Rechtssystem geht es um Recht oder Unrecht. Das Recht ist in der Regel zwar das Recht des Stärkeren. Aber Menschenrechte weisen über auf solche Weise begrenztes Recht hinaus. In der Wissenschaft wird Annäherung an Wahrheit gegen Unwahrheit gesucht. Sie ist zwar stets abhängig von der Finanzierung wirtschaftlich lohnender und mit den gegenwärtigen Kräfteverhältnissen kompatibler Projekte. Aber der Suche nach wissenschaftlicher Wahrheit sind zugleich herrschaftskritische Tendenzen eigen. In allen Subsystemen findet eine humanistische Moral Partner.

Aber die ökonomischen Gesetze des Kapitalismus setzen die Grenzen dafür dort, wo das große Kapitaleigentum und die Zentralität des Profits ernsthaft infrage gestellt werden. Dann neigen die Herrschenden zu autoritären und militanten Herrschaftsformen des Kapitals. Daher muss eine humanistische Moral bereits gegenwärtig so tief in der Gesellschaft verankert werden, dass die Machteliten künftig nicht mehr wagen können, brutale Formen der Gewalt für die Stärkung ihrer Herrschaft einzusetzen. Das erfordert allerdings, die Medien der Kontrolle der Herrschenden zu entwinden und die gegenwärtige Verengung der Denkräume zu sprengen.

Antje Vollmer hat in ihrem »Vermächtnis« darauf verwiesen, dass »das ungeheure und einzigartige Verdienst der sowjetischen Führung unter Michail Gorbatschow [...] das größte Wunder in einer Reihe wundersamer Ereignisse war«. Dafür zu sorgen, dass auf den Wegen zu einer solidarischen Gesellschaft künftig ein solches Wunder den friedlichen Verlauf von Transformationsprozessen tragen wird, ist eine der großen Herausforderungen für eine humanistische Moral.

Literatur

Committee Report, U.S. Congress (2021): H.R. 3524 – Ensuring American Global Leadership and Engagement Act. In: Congress.Gov vom 30.6.2021; congress.gov/bill/117th-congress/house-bill/3524/text (25.1.2024).

Marx, Karl (1962): Lohn, Preis und Profit. Vortrag, gehalten auf den Sitzungen des Generalrats der I. Internationale am 20. und 27. Juni 1865, in: MEW, Bd. 16. Berlin, S. 103–152.

Schneidewind, Uwe (2018): Die Große Transformation: Eine Einführung in die Kunst gesellschaftlichen Wandels. Frankfurt a. M.

Tögel, Jonas (2023): Kognitive Kriegsführung: Neueste Manipulationstechniken als Waffengattung der NATO. Frankfurt a. M.

Ingo Schulze

Die Freundschaft, der Frieden und das Erzählen

Drei Versuche, Antje Vollmer zu danken

I

Es ist schwer, über jemanden zu schreiben, den ich unendlich bewundert habe. Natürlich kannte ich jene Antje Vollmer, die Grünen-Politikerin, aus den Medien. Doch als wir uns zum ersten Mal im Frühsommer 2013 am Rande einer Theateraufführung in Cottbus begegneten, wusste ich kaum etwas Konkretes über sie. Antje sprach mich ohne zu zögern an, erzählte, lobte, stellte Unbekannte einander vor, man sollte sich kennenlernen. Als wir uns ein paar Monate später zufällig in Berlin-Charlottenburg über den Weg liefen, war sie voller Empörung über die Absicht der SPD, erneut eine große Koalition einzugehen, da es doch andere Optionen gab: Entweder Opposition oder selbst ein Bündnis mit den Grünen und der Linken schmieden (gemeinsam hätten sie über eine Mehrheit von neun Sitzen verfügt). Wir müssten doch etwas unternehmen, wir könnten das doch nicht einfach hinnehmen! Ich habe sie auf dem Fußweg der Kantstraße wohl sehr ratlos angesehen. Ja, aber … Wir sollten uns umgehend treffen und darüber beraten. Antje versammelte in meiner Wohnung eine kleine Gruppe, gemeinsam entwarfen wir einen Text »Wider die große Koalition«. Sie kannte ein paar junge Leute, die es übernahmen, unseren Text professionell übers Netz zu verbreiten und eine Unterschriftenaktion zu starten. Wir meldeten einen Verein an und versuchten, Geld einzusammeln. Denn es war aufreibend, eine solche, sich in die Öffentlichkeit wagende Unternehmung nur mit eigenen Mitteln, ohne Angestellte und ohne Büro ins Leben zu rufen und am Laufen zu halten. Immerhin kamen mehr als zehntausend Unterschriften zusammen, es gab verschiedene Aktionen (zum Beispiel projizierten wir »illegal« mit einem für wenige Stunden gemieteten Beamer Slogans und Bilder auf die Parteizentralen von SPD und CDU und fotografierten die Projektionen). Gemessen an unserem Anspruch blieben wir erfolglos. Immerhin aber hatten wir versucht, öffentlich zu widersprechen. Die Marginalisierung der Opposition im folgenden Bundestag (CDU und SPD verfügten über 504 Sitze, Grüne und Linke zusammen über 127, die FDP war wie die AfD an der 5%-Hürde gescheitert) ist in meinen Augen einer der Hauptgründe, warum es der AfD bei den folgenden Wahlen gelang, in den Bundestag einzuziehen.

Mit der einen Aktion war es aber nicht getan. Unser Kreis blieb zusammen. Wir versuchten uns an anderen Aktionen, zum Beispiel zum 25. Jahrestag des Mauerfalls, allerdings blieb die mediale Resonanz dazu aus.

Manchmal rieb ich mir die Augen: In was war ich da hineingeraten? Antje hatte mich von einem Tag auf den anderen zu einer Art politischen Aktivisten gemacht. Für sie war politisches Engagement selbstverständlich. Deshalb verstand sie es, in jedem, der ihr gegenübertrat, ein Gefühl der Verantwortlichkeit zu wecken.

Antjes Ideen und die vielen Menschen, die sie kannte, eröffneten unserer kleinen Gruppe Handlungsmöglichkeiten, über die zuvor keiner von uns verfügt hatte. Die von ihr zum Mittun Animierten erfüllte, belebte und verband sie durch eine Freundschaft, die wohl alle, die damit beschenkt wurden, als einzigartig erfuhren. Antje hatte die Gabe zu einer besonderen Art von Freundschaft, wie ich sie bei Hannah Arendt beschrieben finde. In ihrer Dankrede zum Lessing-Preis von 1959 fasst Arendt es genauer: »Daß das Humane nicht schwärmerisch auftritt, sondern nüchtern und kühl; das die Menschlichkeit sich nicht in der Brüderlichkeit erweist, sondern in der Freundschaft; daß die Freundschaft nicht intim persönlich ist, sondern politische Ansprüche stellt und auf die Welt bezogen bleibt – all dies scheint uns so ausschließlich kennzeichnend für die Antike, daß es uns eher verwirrt, wenn wir ganz verwandte Züge im *Nathan* wiederfinden […].« (Arendt 1960) Und etwas später schreibt Arendt über Lessing: »Ihm ging es ja nie darum, sich mit dem anderen, mit dem er in einen Streit geraten war, wirklich zu entzweien, sondern einzig darum, durch das unaufhörliche und immer wieder entfachte Sprechen über die Welt und die Dinge der Welt auch das Unmenschliche noch zu vermenschlichen. Er wollte vieler Menschen Freund, aber keines Menschen Bruder sein.« Antje war immer und überall bereit, durch ein Gespräch die Verhältnisse und die gegensätzlichen, mitunter scheinbar unvereinbaren Positionen zu vermenschlichen. Und das tat sie mit ganzem Einsatz, sogar mit dem in ihrer Offenheit und Unvoreingenommenheit implizierten Angebot einer Freundschaft, die »auf die Welt bezogen bleibt«.

Antje war es, die sich früh für die Sammlungsbewegung »Aufstehen« engagierte und viele von uns »sammelte«. Trotz etlicher Zweifel hoffte sie, hofften viele mit ihr, mit »Aufstehen« eine Bewegung ins Leben zu rufen, die jene Interessen und Notwendigkeiten formuliert, sie auf die Straße und in die Parlamente trägt, die durch die Parteien vernachlässigt oder ignoriert werden. Es war ein großer Anspruch, der an fehlender Transparenz und Gleichberechtigung scheiterte, also gerade an dem, was wir hatten überwinden wollen. Antje erschöpfte sich in vermittelnden und argumentierenden Gesprächen, konnte jedoch die Unfähigkeit der Sammlungsbewegung zu »sammeln« nicht überwinden. Sie war es aber, die selbst unter diesen Bedingungen Freundschaften stiftete, weshalb nach dem gemeinsamen Austritt bei »Aufstehen« sich ein Kreis erhielt, der bis heute besteht und dessen Dreh- und Angelpunkt, dessen Seele und Anregerin sie als prima inter pares gewesen ist. Die Art und Weise, wie wir mit unterschiedlichen Ansichten umgehen, ohne dabei Zugewandtheit und Offenheit zu verlieren, hat uns Antje vorgelebt.

II

In Uri Avnerys Buch »Mein Freund, der Feind« von 1988 (mit einem Vorwort von Bruno Kreisky) findet sich in Bezug auf die geheimen Gespräche zwischen ihm als Israeli und palästinensischen Vertretern die Äußerung: »Frieden schließt man nicht mit Freunden, Frieden schließt man mit Feinden.«

Gehört habe ich diesen Satz zuerst von Antje. Ich weiß nicht, ob sie diese Formulierung von Avnery übernommen hat oder ob sie ihn vom Hören und Sagen kannte oder selbst prägte, in jedem Fall erscheint mir dieser Satz der beste Ausdruck von Antjes Haltung zu sein. Es gibt keine Alternative zum Gespräch. Und eine Auseinandersetzung mit Waffen ist nichts, das man auch nur einen Tag hinnehmen, an das man sich gewöhnen darf.

Eine ihrer wichtigsten Initiativen stellt für mich ihr Versuch seit Mitte der 1980er-Jahre dar, gemeinsam mit Martin Walser und dem Theologen Ernst Käsemann einen Dialog mit den einsitzenden RAF-Terroristen zu beginnen. »Die einfachen Weltsichten aufzubrechen – Mensch oder Schwein, Sozialismus oder Barbarei, Freiheit oder Tod – heißt, diese Menschen von einer bestimmten Form des Todestrips wegzukriegen«, sagt sie in einem Interview (»Spiegel« 5/1989) über die Gesprächsangebote, die auf Widerstände von allen Seiten, auch von Seiten der Inhaftierten, stießen. Es war der Versuch eines Dialogs, der auch die eigenen Versäumnisse, die der Gesellschaft und deren Öffentlichkeit, eingestand. »Gerade deshalb ist es heute mein Ziel, eine solche Art von totaler Bewegungslosigkeit und Politikunfähigkeit für die Zukunft zu verhindern und zu fragen, was können diejenigen, die sich damals alle verkrümelt haben, also wir, heute dazu beitragen? Die Lösung ist jetzt natürlich viel komplizierter als damals, auch weil es so viele Tote gegeben hat.«

Antje hat viel im Verborgenen geleistet. Hoffentlich wird eines Tages eine Dokumentation ihren Einsatz für Tibet würdigen. Ihr Ziel war eine Rückkehr des Dalai Lama nach Tibet und ein Dialog zwischen ihm und der chinesischen Staats- und Parteiführung. Sie muss kurz davorgestanden haben, den gordischen Knoten zu zerschlagen. China sei das Land gewesen, in das sie am häufigsten gereist sei. In einem Interview mit dem Tagesspiegel (19.4.2008) sagt sie: »Die Bevölkerung Tibets hat 0,16 Prozent der gesamtchinesischen Bevölkerung. Es gibt 52 Nationalitäten in China, die haben aber zusammen kaum mehr als sechs Prozent. […] Man muss die Angst Chinas ernst nehmen, das Schicksal der Sowjetunion oder Jugoslawiens zu erleiden. Man muss einer erdrückenden Mehrheit, die zu Nationalismus neigt, nahebringen, warum sie auf diese relativ kleine Gruppe zugehen und ihnen mehr Rechte zugestehen soll. Wer denkt, er schafft das durch Konfrontation, zu einem so exponierten Zeitpunkt [den Olympischen Spielen 2008 in Peking – I.S.], vor den Augen der ganzen Welt, die Staatsführung und alle Chinesen demütigend – der wird einen katastrophalen Fehlschlag erleiden.«

Antje hatte ein Gespür für entstehende Konflikte und bot zugleich Vorschläge an, wie deren kriegerischem Ausbruch vorgebeugt werden könnte. Sie erzählte mehrmals von einem Gespräch mit dem jugoslawischen Außenminister kurz nach dem Herbst 1989. Sie habe sich dafür eingesetzt, Jugoslawien eine EU-Perspektive zu eröffnen. Für die Aussöhnung zwischen Tschechien und Deutschland, die sie unter anderem in beharrlichen Gesprächen mit den Landsmannschaften vorantrieb, wurde sie mehrfach auch von tschechischer Seite ausgezeichnet.

Die Verständigung mit Russland war für Antje zentral. In Michail Gorbatschow erkannte sie eine Lichtfigur des 20. Jahrhunderts, die Europa wie der gesamten Welt, insbesondere aber Deutschland, durch die Beendigung des Kalten Krieges eine Perspektive in Frieden und Zusammenarbeit eröffnet hatte. In ihrem Vermächtnis »Was ich noch zu sagen hätte« zeichnet sie nach, wie diese Chance nach und nach von beiden Seiten verspielt wurde, auch wenn sie naheliegenderweise die deutsche und westliche Außenpolitik besonders kritisch beurteilt, denn zuerst, sagte sie, sind wir immer für die eigenen Positionen verantwortlich. Jene, schon im Begriff des »Westens« eingebaute, historisch tiefsitzende Überlegenheitsattitüde (Kosseleck/Bluhm), die sich mit dem Umbruch von 1989 zu einem westlichen Triumphalismus ausweitete, war für sie ein Grundübel. In diesem fehlenden selbstkritischen Verhältnis, das für Antje in der deutschen Außenministerin Annalena Baerbock ihren Höhepunkt fand, sah sie nicht zuletzt die größte Gefahr auch für den Westen selbst. Zeichenhaft erschien Antje der mentale Zustand des »Westens« in der Tatsache, dass kein Staatsoberhaupt aus der EU oder den USA bereit war, am Begräbnis von Michail Gorbatschow teilzunehmen – mit Ausnahme von Victor Orbán, der nun diese Geste für sich verbuchen konnte –, während man sich kurz darauf am Grab der Queen drängelte.

Der 24. Februar 2022 war auch für Antje einer der schwärzesten Tage ihres Lebens. In einem Interview mit dem Deutschlandfunk vom 9. Januar 2022, nur anderthalb Monate vor dem Beginn des Krieges, warnt sie vor einer Eskalation und weist auf die Möglichkeiten hin, die es für eine Deeskalation gäbe.

Drei Monate vor ihrem Tod – sie war körperlich ausgezehrt und geschwächt, ihr Verstand aber war überaus klar und ihr Wille stärker denn je – rief sie noch, beide Fäuste erhoben: »Ich bin für alles, was sich gegen diesen Kriegswahnsinn auflehnt! Ich mache bei allem mit!« Sie hat als konsequente Pazifistin viel Kritik, viele Schmähungen und persönliche Angriffe hinnehmen müssen. Sie war nicht bereit, den Krieg als Normalität, Waffen als Mittel der Auseinandersetzung zu akzeptieren. So entschieden sie ihre eigenen Positionen vertrat und begründete, glücklich war über jeden, der sie mit ihr teilte, respektierte sie ihr Gegenüber und hoffte weiter auf einen Sinneswandel.

III

Antje Vollmer gehörte zu der Minderheit von Politikerinnen und Politikern, die Literatur brauchen. Darüber hinaus aber war sie sich der Bedeutung bewusst, die dem Erzählen für die Gesellschaft wie für die Einzelnen zukommt. Denn was heißt es anderes, wenn von der Bewältigung der Vergangenheit die Rede ist, als dass versucht werden sollte, von dieser Vergangenheit möglichst umfassend und differenziert zu erzählen, um die Gegenwart besser zu verstehen und Maßgaben für das eigene Handeln zu gewinnen. »Die Dichter in einem sehr allgemeinen, die Geschichtsschreiber in einem sehr speziellen Sinn haben die Aufgaben, dies Erzählen in Gang zu bringen und uns in ihm anzuleiten«, sagt Hannah Arendt in jener bereits erwähnten Lessing-Rede. Dieses Erzählen hat Antje selbst praktiziert, nicht als Dichterin und nicht als Historikerin, sie bewegte sich zwischen den Geschichten und der Geschichte, zwischen »story« und »history«. Nicht zufällig schrieb sie Biografien, die sich als Gattung zwischen beiden Polen bewegen, sei es die über »Heinrich und Gottliebe von Lehndorff im Widerstand gegen Hitler und von Ribbentrop« oder, gemeinsam mit Hans-Eckardt Wenzel »Konrad Wolf – Chronist im Jahrhundert der Extreme«.

Zu Beginn der Wolf-Biografie heißt es: »Wir müssen die Geschichten erzählen, wir müssen sie wiederfinden unter dem Schuttberg der Ideologien. Wir müssen nach den verschollenen Motiven suchen, damit wir begreifen können, in welcher Lage wir uns befinden. Die Geschichten von Menschen, ihre Biographien vermögen uns anderen Aufschluss zu geben über Begebenheiten und Zusammenhänge, in denen wir gefangen sind. Die vergebenen Chancen zu Änderungen in der Geschichte helfen uns, Horizonte zu öffnen.«

Oft kulminiert in ihren Büchern das Beschriebene in der Wiedergabe einer Episode oder kurzen Erzählung, denn: »Keine Lebensweisheit, keine Analyse, kein Resultat, kein noch so tiefsinniger Aphorismus kann es an Eindringlichkeit und Sinnfülle mit der recht erzählten Geschichte aufnehmen«, um nochmals auf eine Formulierung Hannah Arendts zurückzugreifen. Das ist auch eine Erkenntnis aus Lessings *Nathan der Weise*, der in jenem Moment seine Ringparabel zu erzählen beginnt, in dem sachliche Argumente, so brillant sie auch sein mögen, nichts mehr bewirken würden.

Antje war vieles, eine Politikerin, eine Diplomatin, eine Versöhnerin, eine Ermutigerin, eine Kämpferin, eine Mutter, eine Freundin, aber sie war auch eine Erzählerin im Sinne der »recht erzählten Geschichte«. Und obwohl nichts ihre Gegenwart und damit ihre Freundschaft, ihre Klarheit und ihren Mut ersetzen kann, so bleibt von ihr nicht wenig zurück, auf das wir heute lesend zurückgreifen können, um uns davon inspirieren zu lassen und, falls nötig, daran aufzurichten.

Literatur

Arendt, Hanna (1960): Von der Menschlichkeit in finsteren Zeiten, Rede über Lessing, München.

Michael Brie

Das Verlernen des Krieges beginnt mit Verstehen

Am 21. Februar 2023 fand auf Antrag Russlands eine Beratung des Sicherheitsrats der Vereinten Nationen über »Bedrohungen des Weltfriedens und der internationalen Sicherheit« statt. Es ging um die Frage, wer für die Sprengung der Erdgasleitungen von Nord Stream 1 und 2 vom 26. Juli 2022 verantwortlich ist. Auf der Beratung sprach auch der frühere hochrangige CIA-Mitarbeiter Ray McGovern. In den Jahren vor seiner Pensionierung war Ray McGovern Vorsitzender jenes Gremiums, das die US-Regierung über die Einschätzung der nationalen Sicherheitslage informierte. In dieser Eigenschaft trug er täglich Präsident Reagan vor. Das Ende seiner Rede vor dem Sicherheitsrat leitete McGovern mit den Worten ein:

»Ich möchte hier eine kleine menschliche Tätigkeit ausüben – das Verstehen. Lassen Sie mich nur darauf hinweisen, dass es, als ich das letzte Mal in Deutschland war, einen Anstecker gab, den man sich ans Revers heften konnte und auf dem ›Putin-Versteher‹ stand. Nun, diejenigen von Ihnen, die Deutsch beherrschen, wissen, dass das jemanden bezeichnet, der Putin versteht. Wow, dachte ich, da ist jemand daran interessiert, Herrn Putin zu verstehen. Aber ein Freund sagte mir: ›Nein, Nein, Nein, um Himmels willen, trage diesen Anstecker nicht, das ist ein Pejorativum, das bedeutet, dass Du in Putins Tasche steckst.‹

›Verstehen‹ kommt vom Wort ›Stehen‹. Wenn sie verstehen, wo die Menschen stehen, können Sie verstehen, was sie beunruhigt. […] Bei den jüngsten deutschen Demonstrationen lautete das Motto ›Verhandeln statt Schießen!‹. Verhandeln ist das Wort für Verhandlungen, für Gespräche. Hand. Man streckt dem Anderen die Hand entgegen, man versucht, ihn zu verstehen. […] Es genügt wohl, hier zu enden und zu sagen, dass dieses Verhandeln, sie wissen schon, verhandeln, die Hand reichen – […] Lassen sie uns menschlich sein, wir sollten einander nicht in Staub verwandeln.« (McGovern 2023)[11]

Es kann kaum ein schlimmeres Indiz für die vollständige Abkehr vom Erbe der Aufklärung geben, als die denunziatorische Verwendung des Wortes Verstehen. Immanuel Kant hatte Aufklärung als *»Ausgang des Menschen aus seiner selbstverschuldeten Unmündigkeit«* (Kant 1923: 35) bezeichnet. Sobald aber heute jemand versucht, wirklich zu verstehen und nachzuvollziehen, wieso China, Russland oder auch palästinensische politische Kräfte bestimmte Positionen haben, wird ihm oder ihr das Recht auf legitime Meinungsäußerung abgesprochen. Er wird zum Feind von Demokratie und Menschenrechten erklärt, zum Gegner der »Weltgemeinschaft«, die für eine »regelbasierte Ordnung« und Freiheit stehe. Abschreckung und Kalter Krieg sind die sichere Folge einer solchen Verweigerung zu verstehen. Immer neue heiße Kriege werden wahrscheinlich und gegenseitige atomare Vernichtung rückt stetig näher. Wenn die Bürgerinnen und Bürger der westlichen Gesellschaften dies zulassen, dann lassen sie sich um den Gebrauch des eigenen Verstandes bringen, verurteilen sich selbst zu neuer Unmündigkeit.

McGovern hat Recht und dies mehr, als er vielleicht weiß. Das Wort Verstehen ist in der deutschen Sprachgeschichte untrennbar verbunden mit der Aufforderung, stehenzubleiben, Einhalt zu tun, jemanden zu vertreten, ihn zu verteidigen, sich vor ihn zu stellen (Pfeifer 1995: 1510f.). Ohne die Fähigkeit, sich auf die Position eines Anderen zu stellen, kann niemand seinen Verstand gebrauchen, sondern folgt höchstens seinen eigenen Instinkten, Neigungen und Begierden. Erst vermittelt über den Blick aus den Augen der Anderen auf sich selbst kann man beginnen, sich selbst zu erkennen und mündig zu werden.

Die letzten Jahre waren geradezu ein Zwangsregime, um Menschen diese Mündigkeit abzugewöhnen – sei es während der Pandemie oder noch mehr im begonnenen Feldzug gegen die »au-

[11] Die Übersetzung folgt weitgehend der Videoquelle. Alle anderen Übersetzungen aus englischen Texten sind von mir – M.B.

toritären Regime«, im heißen Krieg mit Russland, dem Kalten Krieg und der »Systemrivalität« mit der Volksrepublik China, im Israel-Palästina-Konflikt. Jedem, der versucht, sich mündig dieser Konfrontation zu entziehen und zu »verstehen«, wird die Zurechnungsfähigkeit abgesprochen. Er wird als Marionette des Feindes gebrandmarkt.

Im späten Kalten Krieg und angesichts der wechselseitigen nuklearen Vernichtungsfähigkeit wurde mühselig und auch nur ansatzweise die Fähigkeit zu Neuem Denken erworben, das die Perspektive des Anderen in die Vision *gemeinsamer* Sicherheit als Grundlage eigener Sicherheit anzusehen begann. Es ist diese Erfahrung, aus der heraus McGovern sprach. Wie schrieb Gorbatschow 1988: Es müssen »die Gegner Partner werden und gemeinsam nach einem Weg zur allgemeinen Sicherheit suchen« (Gorbatschow 1988: 181). Dies lag auch dem sogenannten Palme-Bericht zugrunde, in dem es hieß: »Vertrauen auf gemeinsame Sicherheit als Organisationsprinzip für Bemühungen, die Kriegsgefahr zu verringern, die Waffensysteme zu begrenzen und auf eine Abrüstung hinzuarbeiten, bedeutet im Grunde, daß bei der Lösung von Interessenkonflikten Kooperation an die Stelle von Konfrontation tritt.« (Unabhängige Kommission für Abrüstung und Sicherheit 1982: 23)

Antje Vollmer sprach in ihrem letzten Artikel davon, dass der Westen den Zusammenbruch der Sowjetunion »einseitig als triumphale[n] Sieg des Westens […] interpretiert« habe und damit in »eine alte westliche Hybris« (Vollmer 2022: 24) zurückgefallen sei. 1989 schien den vermeintlichen Siegern die Stunde der endgültigen Verwestlichung der Welt (Laue 1987) gekommen – mit der USA als Herr und Meister einer imperialen neoliberalen Globalisierung, die die dafür notwendigen Kriege, beginnend mit dem Krieg gegen den Irak 1991, als sogenannte Verpflichtung auf sich nahmen. Verstehen des Anderen schien überflüssig in einer Situation, wo es die Möglichkeit zu geben schien, die Welt nach dem eigenen Selbstbild zu gestalten.

Eine Generation später hat sich diese Hybris als Illusion entlarvt, die sie von Anfang an war. Die Kräfteverhältnisse zwischen

»dem Westen« mit den G7 als elitärem Klub und dem, was lange nur als »Rest« erschien, als jene, die sich erst noch zur Höhe des Westens zu zivilisieren und entwickeln hätten, hat sich verkehrt. Schon jetzt ist der Handel der Staaten des »Südens« miteinander höher als der zwischen denen des »Nordens». Und die aufsteigenden »Sieben« des Südens – China, Indien, Russland, Brasilien, Mexiko, Indonesien und Türkei – haben ein höheres Bruttosozialprodukt (in realer Kaufkraft) als die alten G7 (Chu/Zheng 2020: 4). In den großen militärischen Konflikten in der Ukraine oder Gaza sind plötzlich die Türkei, China, Saudi-Arabien oder Katar als Vermittler gefragt.

Eine neue Vision der Welt ist im Entstehen. Es soll eine Welt werden, »in der viele Welten Platz haben«, wie es die Zapatistas fordern. Oder in der Sprache der BRICS: eine Welt des »inklusiven Multilateralismus« (BRICS 2023). Philosophisch wurde die Vision von Zhao Tingyang mit Rückgriff auf die chinesische Tradition »Alles unter dem Himmel« und »Allumfassenheit« so auf den Punkt gebracht: »Die Idee der ›Allumfassenheit‹ begreift die Welt apriorisch als eine vollkommen internalisierte gesamtheitliche Existenz ohne ein Außen, sie anerkennt apriorisch, dass die Welt dem gemeinsamen Nutzen und als gemeinsame Ressource aller Menschen dient, sie schließt apriorisch jede Idee einer inkompatiblen Verschiedenheit aus, zugleich anerkennt sie apriorisch die Diversität der Welt und die darin enthaltene Möglichkeit kompatibler Beziehungen. Sie verwirft einseitigen Universalismus und Kulturimperialismus.« (Zhao Tingyang 2020: 119)

Eine solche Welt ist aber nur möglich, wenn wir einander verstehen, d. h. bereit und fähig sind, sich auf den Standpunkt des Anderen zu stellen, von dort die gemeinsame Welt zu betrachten und die Relativität der eigenen Sicht buchstäblich mit Händen zu begreifen. Der deutsche Philosoph Helmuth Plessner, verfolgt im Naziregime wegen seiner jüdischen Herkunft, machte deutlich, was es heißt, *bewusst* in einer gemeinsamen Welt zu leben: »In Mitverhältnissen leben und sich, durch Instinkte gesteuert, in ihnen einzurichten, vermögen auch Tiere. Nur dem Menschen ist es, in Korrespondenz mit seinen ungerichteten und schwachen

Instinkten, vorbehalten, Mitverhältnisse zu gestalten und sie als eine immer anders strukturierte, nie ganz stabilisierte […] Mitwelt zu behandeln. Sie stellt sich nicht nur in den überkuppelnden Großformen des Staates, der Wirtschaft und Gesellschaft dar. Sie besteht vielmehr überall, privat wie öffentlich, ein Geflecht aus Person und Sache, eine Welt des Wir, in der jeder zu jedem in der ersten, zweiten, dritten Person Rückbezüglichkeit und Gegenseitigkeit seiner Verhältnisse zu beachten hat.« (Plessner 2003: 190, 194) Man könnte auch sagen: Der westliche Unilateralismus, die Hybris, die Welt habe nach »unseren Regeln« zu leben, sich an »unseren Werten« zu orientieren, ist ein Rückfall nicht nur in selbstverschuldete Unmündigkeit, sondern geradezu ins Tierreich, mit barbarischen Konsequenzen für die Welt. Dieser Unilateralismus macht eine friedliche Mitwelt der Vielen unmöglich.

In einem ihrer ersten Interviews als Außenministerin hat Annalena Baerbock im Dezember 2021 eine zentrale Anforderung an das Amt, das sie angetreten hatte, formuliert: »Das Amt erfordert, dass man sich in der Lage des anderen hineinversetzt, selbst wenn man die Welt aus einem völlig anderen Blickwinkel sieht.« (Baerbock 2021) Nun hat kaum jemand genau diese Aufgabe in den beiden Jahren danach so verfehlt wie sie. Dieses Versagen hat viele Gründe. Einer der Gründe, auf den ich im Folgenden eingehen will, ist, dass dem Westen eine Sprache fehlt, die den Perspektivwechsel ermöglichen könnte. In einer Welt mit vielen Welten ist der Westen sprachlos. Er redet noch immer so, als gäbe es nur die eigene »westliche« Welt, an der sich alle anderen Welten als Maß und Maßstab auszurichten hätten. Es ist die Sprache des sich selbst verabsolutierenden imperialen Liberalismus.

Gerade dann, wenn auf Werte Bezug genommen wird, müssen die eigenen Werte wie auch die Werte des Partners zum Ausdruck gebracht werden können. Dies scheitert aber daran, dass der Westen weitgehend in der Sprachwelt des Liberalismus gefangen ist. Dieser Liberalismus basiert auf dem Verständnis, dass der isolierte Einzelne als Privateigentümer seiner selbst das höchste Wesen für den Menschen ist, ausgestattet mit dem Recht, sich die Welt privat zu eigen zu machen. John Locke, englischer Philosoph des späten 17. Jahrhunderts, war der Vordenker dieses Liberalismus. Von ihm stammt die Vorstellung, dass dann, wenn jeder für sich der Fülle des Gemeinschaftlichen so viel zu entreißen vermag, wie durch eigene Arbeit und die Arbeit der unterworfenen Knechte und Lohnarbeiter möglich ist, zugleich allen am besten gedient sei. Er hatte die Vision, dass Politik nur dazu da ist, sich in den Dienst dieser Welt des Privaten zu stellen. Vorbild waren ihm dabei jene englischen Siedler in Nordamerika, die das Land der indigenen Stämme kauften oder raubten und diese vertrieben und vernichteten (Arneil 1996). Dieser Liberalismus fixiert auf die Einzelnen, auf das besitzergreifende Individuum mit seinen – wie es heißt – unveräußerlichen Rechten, die keiner Relativierung unterliegen als der, die Rechte anderer Privatindividuen nicht zu verletzen. Ein solcher Liberalismus ist untrennbar mit dem Projekt der Emanzipation der Einzelnen als Privatindividuen wie dem der imperialen Verwestlichung, sprich: Kolonialisierung der Welt verbunden. Es fehlt ihm das Gegengewicht des Respekts vor dem Gemeinschaftlichen, der Verschiedenheit, der Mitwelten. Er steht dem Dialog einer pluralen Welt im Wege, weil er sein eigenes Wert- und Weltverständnis absolut setzt.

Wenn heute von der »Allianz der Demokratien« gesprochen wird, der »autoritäre Regime« gegenüberstehen, so ist dies nicht weit davon, diese »autoritären Regime« als Unrechtsstaaten, totalitäre Diktaturen und Staaten der »Achse des Bösen« zuzuordnen. Jede Kooperation mit ihnen steht unter dem Verdacht der Kungelei mit dem Bösen, den Feinden von Demokratie und Menschenrechten. Die moralische Aufwertung der eigenen Werte als Reich des Guten treibt die antagonistische Zuspitzung der unvermeidlichen Konflikte voran. Werden Partner mit einem anderen politischen System vor allem als negative Antipoden verstanden, wird Kooperation außerordentlich schwierig und kann auch völlig unmöglich werden. Jeder Konflikt kann zum absoluten Gegensatz aufgeladen werden, wenn es dem eigenen Interesse zu dienen scheint. Alle jene, die Kooperation mit Partnern einfordern, die nicht der eigenen »Wertegemeinschaft« angehören, geraten in die Defensive. Sie müssen sich ständig gegen Vorwurf der Naivität rechtfertigen oder werden bezichtigt, eigene egoistische Interessen auf Kosten von Menschenrechten und Demokratie zu verfolgen.

Ein Perspektivwechsel, der für einen stabilen Dialog und die Regulierung von Konflikten unabdingbar ist, braucht erstens eine Sprache, die die Reflexion der eigenen Werte in ihrer Relativität ermöglicht. Als Philosoph in Leibniz'scher Tradition erschaudere ich, wenn ich in der »China-Strategie« der Bundesregierung lese, dass »die universellen Menschenrechte nicht relativierbar« (Die Bundesregierung 2023: 12) sind. Wenn Werte in der Realpolitik aus dem Reich des beziehungslos Absoluten in das Reich des beziehungsreich Wirklichen geholt werden, müssen sie relativiert werden. Das erst gibt ihnen reales Gewicht jenseits instrumenteller Rhetorik. In der Welt des beziehungsreich Wirklichen sind vor allem die realen Machtverhältnisse, die dadurch gegebenen Möglichkeiten und Unmöglichkeiten, Fragen von Kräftegleichgewichten und Respekt vor den Sicherheitsinteressen der je anderen Seite entscheidend. Erst auf dieser Grundlage ist wirklicher Dialog überhaupt möglich.

Menschenrechte sind nur dann mehr als eine abstrakte Forderung ohne Halt in der Wirklichkeit, wenn sie gegenüber staatlich verfassten Gemeinschaften zur Geltung gebracht werden können (siehe Arendt 1995: 607). Wer von Menschenrechten spricht, muss deshalb ehrlicherweise von der Verantwortung des Staates und staatlicher Gemeinschaften sprechen. Freiheit braucht Strukturen der Solidarität, die stabil und dauerhaft nur durch solche Gemeinschaften gesichert werden können. Diese Gemeinschaften haben nicht nur deshalb einen *eigenen* Wert, zu dem die Menschenrechte in ihrem andersartigen Wert in Relation gesetzt werden müssen. Die Verteidigung dieser Gemeinschaften ist ein legitimes Anliegen und steht in Relation zu den Rechten der Einzelnen.

Zweitens braucht es auch eine Sprache, die nicht die eigenen Antworten auf die Herausforderungen komplexer Gesellschaften und ihrer demokratischen Gestaltung verabsolutiert. Eine solche Sprache sollte es ermöglichen zu fragen, welche *funktionalen Äquivalente* zu liberalen Institutionen in anderen Gesellschaften gefunden werden, mit denen diese ihrerseits den Maßstäben von Demokratie gerecht zu werden suchen. Es macht keinen Sinn, die Praxis anderer Welt daran zu messen, ob sie die Probleme, die allen komplexen Gesellschaften eigen sind, auf liberale Weise lösen oder nicht. Im Gegenteil kommt es darauf an, die in anderen Gesellschaften gefundenen Bearbeitungsformen dieser Widersprüche zu studieren und in ihrer Wirkung zu begreifen und dann in ihrer Relation zu bewerten. Der chinesische Sozialwissenschaftler Yan Yilong formulierte dies so: »Erst wenn wir die Realität voll und ganz anerkennen, haben wir das Recht, sie zu kritisieren, anstatt zu kritisieren, sobald wir eine Realität sehen, die mit unserer eigenen Wahrnehmung nicht übereinstimmt.« (Yan Yilong 2022: 51)

In seiner berühmt gewordenen Gettysburg-Rede brachte Abraham Lincoln am 19. November 1863, mitten im Bürgerkrieg, das demokratische Selbstverständnis so auf den Punkt: Es ginge um »die Regierung des Volkes, durch das Volk und für das Volk« (zitiert in Wikipedia 2014). Folgt man dieser Bestimmung, so kann gefragt werden, ob die Kriterien für eine solche Regierung auch ohne liberale Institutionen erfüllt sein können und ob – horribile dictu – politische Systeme mit liberalen Institutionen ihrerseits unter bestimmten Bedingungen aufhören können, Demokratien zu sein, obwohl es noch Meinungs- und Versammlungsfreiheit und freie Wahlen gibt. Im direkten Verweis auf Lincoln warnte Joseph Stiglitz davor, dass in den USA politische Macht »des einen Prozent, durch das eine Prozent, für das eine Prozent« (Of the 1%, by the 1%, for the 1%) ausgeübt wird und in der Folge die Entwicklungsmöglichkeiten vieler Menschen eingeschränkt, die Wirtschaft behindert und kollektive Güter völlig unzureichend zur Verfügung gestellt werden (Stiglitz 2011). Liberale Demokratie und oligarchisch-kapitalistische Herrschaft mit totalitären Zügen sind durchaus vereinbar.

Es macht keinen Sinn, von einem nichtliberalen politischen System die Durchsetzung der liberalen politischen Freiheiten im engeren Sinne zu fordern. Dies wäre der Aufruf zur Selbstzerstörung genau dieses Systems und wird auch so wahrgenommen.

Was legitim als Erwartung an die Vertreter eines solchen Systems herangetragen werden kann, ist, wie mit nichtliberalen Mitteln den drei Merkmalen von Demokratie Rechnung getragen wird: Einheit des Volkes als Staatsvolk, Beteiligung der Bürgerinnen und Bürgern an den politischen Entscheidungen und Sicherung, dass diese Entscheidung zum Wohl des Volkes und seiner Bürgerinnen und Bürgern getroffen werden. Würde man sich darauf einigen, so könnte dies dazu beitragen, den demokratischen Charakter liberaler wie nichtliberaler politischer Systeme auf der Basis der gemeinsamen Sprache von Abraham Lincoln zu diskutieren, ihn anzuerkennen oder auch in Frage zu stellen.

Folgt man solchen Überlegungen, dann lösen sich die fundamentalistischen Entgegensetzungen auf und es wird eine wechselseitige konkrete Kritik (und Selbstkritik) in einem gemeinsamen Raum der als widersprüchlich verstandenen gemeinsamen Werte möglich. Jede der existierenden Wertegemeinschaften erweist sich dann als Ausprägungsform innerhalb dieses geteilten Raums und kann auf eigene Stärken wie Schwächen verweisen. Auf dieser Basis können auch Forderungen an andere erhoben werden, die durch diese realistisch einlösbar sind. Meine abschließende These ist: Die Arbeit an einer gemeinsamen Sprache, die die Grenzen der liberalen Sprache überschreitet, ist eine Bedingung dafür, einen globalen Dialog über Werte und Interessen zu führen.

Es gibt eine Parabel, die Orientierung in der heutigen globalen Situation geben könnten. Sie stammt von Gotthold Ephraim Lessing. Er hatte sich in seiner Tragödie »Nathan der Weise« auf die Ringparabel bezogen: Ein Vater gab jedem seiner drei Söhne einen Ring, der seinem Träger die Kraft geben sollte, Gott und den Mitmenschen angenehm zu sein. Aber nur einer der drei Ringe hätte in Wirklichkeit die Fähigkeit, dies zu bewirken. Da keiner der Söhne wusste, welches der »wahre« Ring ist, gab es von jetzt an nur einen Weg zu beweisen, den wahren Ring zu besitzen – durch das eigene vorbildliche Tun. Wenn schon Wettbewerb der Staaten, dann nicht im zerstörerischen Gegeneinander, sondern im Miteinander um den besten und schnellsten Beitrag zur Verhinderung der Klimakatastrophe und zum Stopp ökologischer Zerstörung, zur Beseitigung globaler Armut, zum Abbau militärischer Spannungen, zur Ausweitung der Rechte auf ein freies selbstbestimmtes Leben in Sicherheit und Würde und in lebenswerten Gemeinschaften und Staaten. Die 17 Ziele für nachhaltige Entwicklung der UNO, die 2016 in Kraft traten und bis 2030 gelten, geben dafür eine überzeugende Orientierung (United Nations 2015). *Würden die Staaten und ihre Bürgerinnen und Bürgern danach streben, diesen Zielen gerecht zu werden, dann würden sie Kriege verlernen. Am Ende stünde vielleicht ein tiefer Wandel aller Beteiligten durch Kooperation in einer friedlichen Mitwelt vieler Mitwelten.*

Literatur

Arendt, Hannah (1995): Elemente und Ursprünge totaler Herrschaft. München.

Arneil, Barbara (1996): John Locke and America. The Defence of English Colonialism. Oxford.

Baerbock, Annalena (2021): Werte und Interessen sind kein Gegensatz. In: Auswärtiges Amt; auswaertiges-amt.de/de/newsroom/-/2502928 (30.1.2024).

BRICS (2023): XV BRICS Summit. Johannesburg II Declaration. BRICS and Africa: Partnership for Mutually Accelerated Growth, Sustainable Development and Inclusive Multilateralism. Sandton.

Chu, Yun-Han/Zheng, Yongnian (2020): Introduction to the Decline of the Western-Centric World and the Emerging New Global Order, in: Chu, Yun-Han/Zheng, Yongnian (Hrsg.), The Decline of the Western-Centric World and the Emerging New Global Order. Contending Views. London/New York.

Die Bundesregierung (2023): China-Strategie der Bundesregierung. In: Auswärtiges Amt von 2023; auswaertiges-amt.de/blob/2608578/810fdade376b1467f20bdb697b2acd58/china-strategie-data.pdf (31.1.2024).

Gorbatschow, Michail S. (1988): Umgestaltung und neues Denken für unser Land und für die ganze Welt. Berlin.

Kant, Immanuel (1923): Beantwortung der Frage: Was ist Aufklärung?, in: Werke. Bd. 8., Berlin, S. 33–42.

Laue, Theodore H. von (1987): World Revolution of Westernization. The Twentieth Century in Global Perspective. Oxford.

McGovern, Raymond (2023): Ehem. CIA-Offizier McGovern über die

Ukraine & Nord Stream vor dem UN-Sicherheitsrat.
Pfeifer, Wolfgang (1995): Etymologisches Wörterbuch des Deutschen. München.
Plessner, Helmuth (2003): Die Frage nach der Conditio humana (1961), in: Gesammelte Schriften in zehn Bänden. VIII: Conditio humana. Frankfurt a.M., S. 136–217.
Stiglitz, Joseph E. (2011): Of the 1%, by the 1%, for the 1%. In: Vanity Fair vom 31.3.2011; vanityfair.com/society/features/2011/05/top-one-percent-201105 (31.1.2024).
Unabhängige Kommission für Abrüstung und Sicherheit (1982): Der Palme-Bericht. Berlin.
United Nations (2015): Transforming our world: the 2030 Agenda for Sustainable Development. In: United Nations vom 25.9.2015; sdgs.un.org/2030agenda (31.1.2024).
Vollmer, Antje (2022): Vermächtnis einer Pazifistin: Was ich noch zu sagen hätte, in: Berliner Zeitung vom 25.2.2022, S. 24–25.
Wikipedia (2014): Gettysburg Address. In: Wikipedia; wikipedia.org/wiki/Gettysburg_Address (31.1.2024).
Yan Yilong (2022): The Chinese Path and Philosophy. Lewes.
Zhao Tingyang (2020): Alles unter dem Himmel. Vergangenheit und Zukunft der Weltordnung. Berlin.

Hans-Eckardt Wenzel

Letztes Treffen

für A. V.

Kein Abschiedslied im Mund. Der Krieg
Gab uns den Ton an, ihm zu trotzen. Sie
Stand in der Tür, der Februar verwöhnte weich
Und sonnig überm Teutoburger Wald den Abschied.

Auf der Stirn die Adern, kleine blaue Linien
Eingeschrieben in der Zeiten Ende. *Ich habe*
Keine Angst mehr vor dem Tod. Ich werde nicht
Ersticken, ich werde immer leichter. Federn

Widerstehen der Schwerkraft besser als Hass.
Wir sprachen kurz nur übers Sterben obwohl:
Dies war der Grund meiner Reise. Wer zählt die Tage,
Die uns bleiben? Es war, als wäre nichts geschehen.

Nur der Krieg, das Scheitern unser aller Hoffen,
Der Schmerz der Niederlage war mehr als
Abschied, er hielt uns gefangen im Netz
Der Welt trotz Nimmerwiedersehen.

Autorinnen und Autoren

Dr. phil. habil. Peter Brandt, Univ.-Prof.i.R., Historiker mit dem Kompetenzbereich 18.–20. Jahrhundert und politischer Publizist, Mitglied der SPD und der Gewerkschaft ver.di, Mitglied des Vorstands der Friedrich-Ebert-Stiftung, neuere Veröffentlichungen u. a.: »Freiheit und Einheit«, 2 Bd. (Neuruppin: Edition Bodoni 2017), »›Sozialismus mit menschlichem Antlitz‹. Der Aufbruch in der Tschechoslowakei 1968 in seinem historischen Umfeld« (Bonn: J.H.W. Dietz 2021) (gemeinsam mit G. Weisskirchen), »Eine kurze Geschichte der deutschen Sozialdemokratie«, Bonn: J.H.W. Dietz 2023 (gemeinsam mit D. Lehnert).

Dr. phil. habil. Michael Brie, Sozialphilosoph. Zuletzt erschienen von ihm »Transformation heißt, das Ganze wagen. Ökonomische Mobilisierung im Kampf gegen den Faschismus. USA 1940–1945« (VSA: Verlag 2021), gemeinsam mit Jörn Schütrumpf: »Rosa Luxemburg – eine revolutionäre Marxistin an den Grenzen des Marxismus« (VSA: Verlag 2021) und die Bücher »Sozialismus neu entdecken« (VSA: Verlag 2022) und »Chinas Sozialismus neu entdecken« (VSA: Verlag 2023).

Marco Bülow ist Journalist und Politiker. Von 2002 bis 2021 war er direkt gewähltes Mitglied des Deutschen Bundestages. Seine Schwerpunkte sind soziale Gerechtigkeit, Lobbyismus, Demokratie, Umwelt und Klima. Er galt als transparenter unbequemer Abgeordneter und ist wohl die lauteste Stimme gegen den Profitlobbyismus (ZDF). Er ist Mitgründer des gemeinnützigen Vereins plattform.PRO und der Initiative Lobbyland (www.lobbyland.de). Er ist nun als Publizist, Podcaster und Kolumnist tätig. Zuletzt erschien sein Buch: Lobbyland – Wie die Wirtschaft unsere Demokratie kauft. (Das Neue Berlin 2021).

Daniela Dahn, Schriftstellerin und Publizistin, lebt in Berlin und Mecklenburg. Zuletzt erschienen: »Im Krieg verlieren auch die Sieger. Nur der Frieden kann gewonnen werden«, (Rowohlt 2022), »Tamtam und Tabu, Meinungsmanipulation in kapitalistischen Demokratien« (zusammen mit Rainer Mausfeld, Westend 2020), »Der Schnee von gestern ist die Sintflut von heute, Die Einheit – eine Abrechnung« (Rowohlt 2019), »Wir sind der Staat, Warum Volk sein nicht genügt« (Rowohlt 2014).

Prof. Dr. oek. habil. Dieter Klein, bis 1997 Lehrstuhl Ökonomische Grundlagen der Politik an der Humboldt Universität, zuvor dort Prorektor für Gesellschaftswissenschaften, und Mitglied der Partei DIE LINKE. In den letzten Jahren erschienen: »Regulation in einer solidarischen Gesellschaft. Wie eine sozialökologische Transformation funktionieren könnte« (VSA: Verlag 2022), »Zukunft oder Ende des Kapitalismus. Eine kritische Diskursanalyse in turbulenten Zeiten« (VSA: Verlag 2019), »Gespaltene Machteliten. Verlorene Transformationsfähigkeit oder Renaissance des New Deal?« (VSA: Verlag 2016), »Das Morgen tanzt im Heute. Transformation im Kapitalismus und über ihn hinaus« (VSA: Verlag 2013).

Alexander Rahr, Osteuropa Historiker, lebt in Berlin, geb. 1959 in Taipeh (Taiwan), 1982–2012 Analytiker, Programmdirektor in amerikanischen und deutschen Think Tanks (u.a. DGAP), danach Berater von deutschen und russischen Energieunternehmen, sowie Forschungsdirektor des Deutsch-Russischen Forums. Seit 2022: Vorsitzender der Eurasien Gesellschaft. Autor mehrerer Bücher zu Russland/Eurasien.

Ingo Schulze, geboren 1962 in Dresden, lebt nach dem Grundwehrdienst, dem Studium der Klassischen Philologie in Jena, Theater- und Zeitungsarbeit in Altenburg und St. Petersburg, seit 1993 als Schriftsteller in Berlin. Seine Romane, Erzählungen, Essays und Kinderbücher wurden in dreißig Sprachen übersetzt und vielfach ausgezeichnet. Zuletzt erschienen: »Die rechtschaffenen Mörder«, Roman (S. Fischer, 2020); »Tasso im Irrenhaus«, Erzählungen (dtv, 2021), »Der Amerikaner, der den Kolumbus zuerst entdeckte…«, Essays (S. Fischer, 2022) und »Zu Gast im Westen – Aufzeichnungen aus dem Ruhrgebiet« (Wallstein, 2024).

Dr. Antje Vollmer (Politikerin, Autorin, Theologin) (1943 bis 2023) war 1983 Mitglied der ersten Grünen-Fraktion im Deutschen Bundestag, davon drei Jahre als Fraktionsvorsitzende. Mitinitiatorin des grünen »Feminats« (die gesamte Fraktionsführung bestand ein Jahr lang nur aus Frauen). Sie war 1994 die erste Vizepräsidentin der Grünen, die vom gesamten Bundestag gewählt wurde. Als Pazifistin und Autorin bearbeitete sie nach Ihrem Ausscheiden aus dem Parlament (2005) in diversen Büchern und Artikeln vor allem zeitgeschichtliche Themen gewaltfreier Strategien und Biografien aus dem Widerstand gegen den Nationalsozialismus (20. Juli und sozialistischer Widerstand).

Johann Vollmer, geboren 1979 in Bielefeld, ist der einzige Sohn von Antje Vollmer. Nach dem Studium der Geschichte und Germanistik in Göttingen und Auslandsjahren in Prag und Peking arbeitete er neun Jahre als Politikredakteur und Blattmacher der *Neuen Westfälischen* in Bielefeld. Heute leitet er die Abteilung Presse + Kommunikation der v. Bodelschwinghschen Stiftungen Bethel, wo seine Mutter vor ihrer politischen Laufbahn tätig war.

Hans-Eckardt Wenzel (Musiker, Autor, Regisseur), geboren 1955 in Wittenberg. Studium der Ästhetik bei Prof. Wolfgang Heise an der Humboldt-Universität Berlin. Internationale Konzerttourneen führten ihn in die USA, nach Nicaragua, Kuba, Türkei, Frankreich. Er veröffentlichte über 50 CDs. Letzte Buchpublikationen: »Die misslungene Erziehung des Menschengeschlechts« (Kamenzer-Rede), »107 Lieder« sowie gemeinsam mit Antje Vollmer: »Hinter den Bildern die Welt – Die untergegangene Bundesrepublik in den Filmen R.W. Fassbinders« sowie »Konrad Wolf – Chronist im Jahrhundert der Extreme«.

Gabi Zimmer, Mitglied der Partei DIE LINKE, aus Thüringen stammende linke Europapolitikerin. Bis 2019 Europaabgeordnete und langjährige Vorsitzende der Fraktion linker Parteien im Europaparlament (GUE/NGL). Lebt heute in Brandenburg.